서른일곱 번

서른일곱 번

초판 1쇄 인쇄 | 2024년 12월 05일
지은이 | 김광임
펴낸이 | 이재욱(필명:이승훈)
펴낸곳 | 해드림출판사
주 소 | 서울 영등포구 경인로82길 3-4(문래동1가 39)
      센터플러스빌딩 1004호(07371)
전 화 | 02-2612-5552
팩 스 | 02-2688-5568
E-mail | jlee5059@hanmail.net

등록번호   제2013-000076
등록일자   2008년 9월 29일

ISBN   979-11-5634-601-2

* 이 책은 경기도, 경기문화재단의 지원을 받아 발간되었습니다.

서른일곱 번

김광임 수필집

해드림출판사

책머리에

"와 봄이다." 감탄사가 입술을 떠나기도 전에 봄은 꼬리를 감춘다. 모든 살아있는 것들을 일으켜 세우는 눈부신 계절이 여름이다. 올여름은 눈부심을 넘어 펄펄 끓었다. 지금은 징하게 뜨거운 방황을 끝낸 과락(果落)의 순연한 이치를 새겨야 할 시간.

우리는 살면서 시시때때로 위로가 필요하다.
손 내밀면 닿았던 피붙이, 살붙이를 달거리로 하늘로 보내며 풀 수도 풀리지도 않는 수수께끼에 함몰되었다. 경험의 공유가 절대 불가능한 죽음, 명징한 현실은 해내야 하는 숙제처럼 시간 위에 쌓인다. 수평의 잰걸음을 동동대다 마지막 큰 걸음으로 그들은 떠났다. 비 그친 하늘은 너무 파랗고 멀쩡하다. 멀쩡할 수 없는 가슴을 안고 주춤주춤, 일어선다.

내가 태어난 곳은 저수지 윗마을이다. 학교에 가던 읍내 장을 가던 저수지를 끼고 있는 산길을 돌아가야 했다. 가뭄으로 저수지 바닥이 드러나면 저수지를 가로질렀다. 겨울이면 꽁꽁 언 저수지를 씽씽 달렸다. 저수지를 향한 물살은 거침이 없다. 미래를 향한 힘찬 질주였다. 흐르는 물은 새로운 시간을 품고 있다. 새로운 시간 앞에 인간의 미래는 열려있고 시간 앞은 늘 새롭다.

 지금 사는 곳 가까이 호수가 있다. 이승만 대통령의 전용 낚시터였다고 한다. 고향의 저수지보다 작지만 도시에서 사부작 걸음에 물을 만날 수 있음은 축복이다. 호수를 빙 돌아오는 산책로, 밤이면 야경도 근사하다. 걷다 보면 물의 낙차를 위한 경계석에 햇볕을 쬐고 있는 재두루미를 만난다. 무슨 연유인지 모르나 볼 때마다 혼자인 게 궁금하다.

수필은 흘러가는 생의 순간을 부여잡는 일, 너와 나, 사람을 사랑하고 자기의 일을 사랑하는 우리들의 소소한 일상들, 유한한 생의 순간을 사색으로 불러보는 영원의 노래다.

인생이란 무엇인가. 지금 찬란한 저 단풍처럼 철 따라 무시로 옷만 바꿔입다 끝나는 것인가. 바다가 생각났다. 이 지구에 바다라는 공간이 있음은 신의 축복이다. 인간이 마구잡이로 파헤치고 뒤집어버리는 세상에서 절대 고분고분 순응하지 않는 마지막 야생의 터. 기다림과 그 혼돈의 질주 속에서 우리는 영롱한 진주 한 알을 품는 바다가 될 수는 없는 것인가.

살면서 품었던 물음을 바다 앞에 내려놓는다. 쉼을 모르는 파도, 철썩이는 물살과 빛이 보여주는 아름다움, 산다는 것과 충만함이 무엇인지 조금씩 속을 내보인다. 치열한 애착으로 출렁이던 물길도 바다를 만나면 동력을 잃어 흐느적거린다.

햇볕이 온몸을 빛으로 채워도 가을바람의 쓸쓸함은 속수무책이다. 가을볕이 더 사위기 전에 허우룩한 심신을 마당에 내다 말려야 할까, 그러나 견딜 만하다.

고향에 새집 지어 "엄마 같은 울 언니 내가 밥 해줄게" 글 쓰라던 동생은 집만 지어놓고 하룻밤도 함께 하지 못하고 먼 곳으로 갔다. 꽃잎으로 가슴속에 편편히 스미는 것은 그리움이다. 내가 알게 된 것은 꽃은 설명되지 않는 것, 우리의 삶도 설명되지 않는다. 누구라도 생애 한번은 꿈꾸는 사랑처럼 그냥 꽃으로 품으면 내게도 꽃이 되어준다. 내가 꽃이며 사람이 꽃이다. 이토록 따스한 햇살과 꽃들이 눈부시게 피어난 적이 없었다. 꽃은 머지않아 질 것이다.

  가장 뜨거운 여름을 건너느라, 흐물흐물 무른 글을 서둘러 내놓음은 남루한 일상일지언정 꽃대로 앞으로 가는 것이라 믿고 싶어서이다. 조바심과 이기심이 충돌한다. 보잘것없는 한 줌 언어로 나를 불러보는 홍복(興復)을 누리게 해준 하나님께 감사드린다.

2024년 가을

김 광임

차례

책머리에   4

봄(春)

봄(春)	14
초록의 돌림 노래	16
껍데기는 가라	21
오늘	25
춘수(春愁)	29
이제는	33
물 바라기	38
고봉으로 핀 이팝꽃	40
시인의 언덕	43
가장 아름다운 꽃	48
그리운 수다	53
개와 늑대의 시간	59
어떤 놈	64
화장을 지우고	68
말(言) 무지개	73

여름(夏)

여름(夏)	80
물 발자국의 환(還)	82
서른일곱 번	87
갓밝이	91
별거 아니다	95
두 여자	99
짝꿍	103
평화의 성(城)	107
마루에 앉아	110
단골	115
바람을 꿈꾸다	119
두모악에 잠든 바람	123
그리운 섬	128
겨레붙이	132
부처를 닮은 집사	137

가을(秋)

가을(秋)	144
흙에 발부리고	146
엉망진창	149
귀족의 색	155
사라지는 시간	160
시간 여행	164
Happy와 marry	174
수저의 변(辨)	177
그해 어느 여름날	180
장소의 기억	185
쓰레기 섬	191
센 놈	196
닮아 가는 중	201
몸과 마음의 거리	205

겨울(冬)

겨울(冬)	212
엄마 맛	214
공생	220
여자(荔子) 오순이	222
빵 두 개	226
이별	231
시래기의 변신	233
등대	237
붉어지는	240
연성(蓮城)에서	244
가늘고 길게	249
변명	252
원래부터	256
부치지 못한 편지	261

1부

春

봄(春)

눈이 날린다.

봄을 시샘하느라 마지막 날리는 흰 꼬리 한방이다.

한 뼘씩 몸을 키운 나무들은 꽃망울 틔울 채비는 끝났을 터, 제 몸속에 감추어둔 저만의 빛깔과 향기를 가장 좋은 날 뿜어낼 것이다. 웅크리고 있던 몸을 뒤채며 하늘을 본다.

다시 봄을 맞는 우리야말로 꽃나무 아닌가. 세상에 없는 색과 향기가 제안에 있는 줄도 모르고 사는 꽃나무들.

장래 클래식 음악계를 이끌어갈 꿈나무 연주자들의 봄나들이 콘서트장이다. 오케스트라의 반주에 꽃이 벙글어 터지듯 악기들의 선율이 봄빛을 튕겨낸다. 고사리손으로 연주하는 꿈나무들의 숨소리와 떨리는 손놀림에 객석은 화사한 봄빛으로 피어난다. 듬직한 손자의 이마에 땀이 밴다. 현란한 운지로 클라리넷은 뭉근히 묵직한 속을 내어놓는다.

 늦은 공부로 허기를 채우던 문학 기행반 작가들의 생가와 작품의 배경지를 탐방하는 동아리다. 저녁 식사 후 지역특산품이라는 조 껍데기 막걸리 한잔에 달떠 무대로 떠밀렸다.
 '연분홍 치마가 봄바람에…… 보옴나르은 가아안다.' 노래방에서도 불러본 적 없는 노래가 왜 튀어 나왔는지 지금 생각해도 모를 일이다.
 꽃샘바람에 흩날리는 벚꽃처럼 왔나 싶으면 허망하게 가버리는 봄, 와도 별일 없고 가도 별수 없는 봄이라고 기척 없이 스미었다 횡사하는 봄의 뒤통수에 대고 '봄날은 간다' 흥얼대는 내게 떨어진 꽃잎들이 속살거린다.
 봄도 꽃도 아주 가는 게 아니라고 오는 듯 가고 가는 듯 다시 오는 게 봄 아니더냐고. 일편화비감각춘(一片花飛減却春) 꽃잎 하나 질 때마다 봄날은 간다. 짧은 봄날을 한탄한 두보의 봄이, 봄비는 도시의 밤 뒷골목에 갈 등 말 등 주춤거린다.

초록의 돌림 노래

 주문한 씨감자가 왔다. 싹을 틔우느라 얼마나 용을 썼는지 눈자위마다 푸르딩딩 멍이 들었다. 알맞게 잘라 하룻밤을 재우니 저민 자리가 상처 아물 듯 눅진해졌다. 찬 공기 속에 멍이 들며 싹을 내는 것은 주어진 투철한 소명 의식 때문 아니겠는가.
 서울 외곽 신도시에 터를 잡고 낯선 땅에 유배된 듯 외롭고 우울함을 달래보려 시작한 손바닥만 한 텃밭, 소꿉놀이 농부 사 년 차다. 한 해 농사의 시작은 감자 심기다. 아직은 냉골인 공(空)터 막무가내로 발을 뻗친 잡초를 뽑아내고 퇴비와 거름으로 땅심을 올려준다.

 첫해는 때를 놓친 데다 순치기, 꽃 따주기도 할 줄 몰라 잎만 무성하다 콩알이 몇 알 건진 게 전부였다. 시행착오의 경험치로 지난해에는 제법 씨알이 좋은 놈들을 만날 수 있었다.

엊그제 덮어 둔 비닐멀칭에 구멍을 뚫어 감자를 꾹꾹 눌러 심는다. 감자는 남은 제 몸을 썩혀 세상 밖으로 싹을 밀어 올린다. 햇살에 비바람이 몰아쳐도 멍을 뚫고 나온 자줏빛 싹의 투지가 튼실한 감자를 내주리라 믿는다. 감자를 심으면 감자가 나오고 고추를 심으면 고추가 열리는 너무나 당연한 이치에 탄성으로 호들갑을 떨었다.

밭을 가꾸며 작은 생명의 비의(非意)가 보였다. 발치에 채이던 이름도 모르는 들풀들의 한 생, 다보록한 모듬살이는 범접할 수 없는 그 들만의 세상이다.

산골에서 나고 자랐지만 눈여겨본 적 없는 생존을 향한 분투, 아슴아슴 흐릿한 기억이 이슬방울처럼 굴러 나왔다. 자식들의 가리사니를 기다리지 못한 부모님에 대한 그리움과 부채감이 뒤엉긴다. 마트에서 매끈하게 잘생긴 것들을 골라오면 그뿐 어떤 과정을 거쳐 식탁에 오르는지는 관심 밖이었다.

생의 한 가운데에서 주변을 돌아볼 겨를이 없었다. 분주함에서 한 걸음 비껴나니 세상의 아름다움이 보이기 시작했다. 이글거리는 태양 아래 제 몫을 해내는 초록의 한해살이 여정은 신선함 그 자체였다. 만화방창이 절로 되는 줄 알았다.

따지기 지난 흙이라는 모태는 어느 종의 자식도 가리지 않고 품어낸다. 냉골 속에 합방을 치르느라 버짐 먹은 씨 알갱이, 껍질 모자에 목을 밀어 연둣빛 생존을 신고한다. 퇴비로 밑거름을 두둑이 깔아 날마다 정성으로 눈 맞추고 기다리며 추비(追肥)인 사랑을 아끼지 않았다.

뻐꾸기 소리가 깊어지면 연두는 초록을 먹는다. 싹을 틔우고 줄기를 세워 꽃을 피우고 열매를 내는 꿋꿋하나 느릿한 그들만의 걸음걸이에 조급증이 나기도 했다. 그래도 숭늉을 먹으려면 기다리는 수밖에 없지 않은가. 앞서 내닫는 마음 불러 세워 기대와 낙망을 오가다 만난 첫 수확의 환희는 잊을 수 없다. 냉수밖에 준 게 없는데 고추도 가지도 번데기를 벗은 나비의 비상처럼 신기함을 넘어 경이로웠다.

감자 옆에 상추를 심고 완두콩, 오이, 토마토와 가지, 고추도 심었다. 하지를 지나 감자를 캔 자리에 김장 무와 쪽파까지 각기 다른 생김새의 먹거리가 돌림 노래처럼 텃밭을 채워갔다.

뒤질세라 경쟁하듯 싹을 낸 감자는 하얀 꽃을 달았고, 세워준 섶을 따라 완두는 조롱조롱 제붙이들을 내걸었다. 꽃상추는 부채를 펼치듯 치마폭을 펼쳐 흔들고 울타리 지킴이 호박은 노란 꽃등을 환히 밝혔다. 싹트기가 더딘 강낭콩은 새들이 노리는 먹잇감이다. 올해도 새들의 판정승으로 모종을 사다 가장 늦은 전입을 마쳤다.

 푸르고 붉은 가지마다 독특한 향기를 뿜어내며 식물들은 저만의 순서대로 제안의 것을 끄집어냈다. 칼국수에는 칼이 없으나 저들은 내재 된 그들만의 걸작품을 완성해 냈다. 멀칭에 갇힌 잡초들 보란 듯이 하루가 다르게 몸집을 불리는 요술쟁이였다.
 갈 곳 몰라 회색으로 더트던 일상이 여린 것들의 가상한 분투를 보며 덩달아 화사해졌다. 여리고 작은 것들의 생은 누구보다 역동적이었다.

 까만 점으로 온 새 생명의 쿵쾅거리는 심장 박동 소리, 성별은 물론 손가락, 발가락이 꼬물거린다. 선명한 이목구비를 보여주는 초음파를 보며 입덧으로 시작되어 두려움과 기다림이 전부였던 그날을 떠올리며 격세지감이 들었다. 커가면서 생김새는 물론 걸음걸이에 식성까지도 빼박인 손자를 보며, 식물도 사람도 잘 짜인 각본대로 사는 연극은 아닌지. 초록의 생명과 시간을 함께하며 배운 것은 보태고 나누고 다시 하나가 되는 절대 불변의 그들만의 결합과 분배의 순서쌍이다. 역량껏 날아올라 활개

치다 제자리로 돌아오는 요요처럼 다시 출발점으로 돌아오는 순환의 고리, 그것은 미래를 꿈꾸는 생물(生物)이 종(種)을 완성하는 공리 아닌가. 푸성귀들의 돌림 노래에 환호한 것은 모든 숨붙이의 생이 한끝에 닿아 있음이다. 언제라도 새로운 출발을 꿈꾸어도 괜찮다는 희망의 별을 보여준 소소하나 당연한 것들의 깨알 같은 서사시다.

등줄기에 스민 서늘한 바람이 길어진 그림자를 흔든다.
마지막 씨감자를 밀어 넣으니 붉던 산자락이 묵화로 뒤덮인다. 피멍이 든 감자는 제 몸을 썩여 새 숨길로 다시 분화할 저만의 비책은 알고 있으니, 더위에 목이 마르고 비바람이 발목을 헤집어 흔들어도 튼실한 알갱이를 품어낼 것이다. 긍정의 주문을 꾹꾹 눌러 흙 묻은 호미에 하루를 털어 낸다.
산등성이 넘어 태양의 가지들이 길게 흩어진다. 빛이 주저앉은 세상은 검은 요정들이 활개를 칠 것이다. 비탈에 선 개 복상 나무는 이슬 맞을 준비를 마쳤다.
어둠이 오늘을 삼킬지라도 내일이면 말간 햇살을 토해낼 것이기에 집을 향한 발걸음이 가볍다.

껍데기는 가라

툭! 밤송이가 떨어진다.

분리의 첫걸음, 고슴도치 같은 장막을 벗어 완(完)의 여정을 시작한다. 탱탱한 몸을 밀어 가시로 덮인 철갑을 연다. 가시를 털었다고 냉큼 받아먹을 수 있는 것은 아니다. 스스로 몸을 열어 나오기 전엔 어떤 들짐승도 접근 불가다.

임전무퇴의 갑옷으로 전의를 불태운다. 반들반들 윤이 나는 껍질은 요새처럼 단단하다. 요새를 나오면 또 한 번 온몸을 감싼 내피가 기다리고 있다. 풀칠해 바른 듯 착 감긴 속껍질을 벗은 후라야 샛노란 알몸이 나온다. 성게 같은 가시와 속껍질은 분리되는 순간 폐기물 신세로 전락한다.

고기 굽는 매캐한 연기가 자욱하다. 사내들의 두서없는 말들이 연기를 삼킨다. 빨간 앞치마를 두른 이모님들 손길이 바쁘다. 속이 훤히 보이는 진열장 안에 서 있는 술병들은 점고를 기다리는 기생의 형상이다. 막걸리와 물 건너온 맥주, 음료수도 출전을 기다리는 선수처럼 도열해 있다.

영장들의 이성을 교란시킬 마성(魔性)을 숨긴 투명한 수액이 이상 저 상을 넘나든다. 벨트 밖으로 불룩한 배를 안은 중년 남자가 능숙하게 병을 흔들더니 목을 비튼다.

건너편 테이블은 막걸리판이다. 클럭 콸콸, 노란 양재기와 뽀얀 막걸리 술술 목 안으로 흘러든다. 숨가쁘게 전선을 돌아 속을 비워낸 술병은 제 할 일 다 했다는 듯 구석으로 얌전히 물러앉는다. 이모 한 병 더.

속을 보여주지 않는 막걸리병, 풍만한 복분자, 허리 날렵한 백세주도 알맹이는 전부 남의 속으로 들이밀고 껍질만 허허로이 서 있다.

아버지는 술을 하지 않았으나 손님이 오면 노란 주전자를 들고 가서 막걸리를 받아왔다. 막걸리는 사 오는 게 아니라 받아왔다.

제아무리 아름답고 실한들 껍데기란 애초부터 천덕꾸러기 신세인가. 수박도 바나나도 쌀밥도 껍데기는 폐기된다.

보이는 세상도 껍데기련만 알맹이들만 안으로 들인다. 껍데기 없는 알맹이란 있을 수 없는 일이다. 껍데기의 보호가 있어 알맹이도 제 몫을 하지만 쓸모는 포장용도 꺼내기 전, 딱 거기까지다.

사랑에 빠진 연인들은 무릎을 꿇어 꽃을 바치고 마음을 포장해 선물을 전한다. 사랑하는 마음을 건넬 수 없어 손과 입술과 가슴을 건넨다. 한곳으로 향한 마음에 어깨를 겯고 일심으로 내 편을 갈구하며 아무리 부둥켜도 순간뿐이다. 분리될 수밖에 없는 개물(個物)의 한계는 넘지 못한다. 남편과 여편은 영원한 평행선, 마주 보고 달리는 철길이다.

상상을 뛰어넘는 과학기술로 인간은 영장(靈長)을 넘은 영물(靈物)로 신을 넘보는 중이다. 눈길 한번 나누지 않고도 소통하는 시대, 손에 손잡고는 옛말이 되어 따스한 온기나 접촉 없이 접속만으로 만사 해결이다.

AI라는 낯선 기술이 허공으로 전송된 정보를 객석에 앉아 물기(物機)로 감응하여 영화처럼 살아간다. 사랑은 없고 감성을 덧입은 스캔들만 난무하는 세상에 뜬구름 송이 같은 소문만 무성하다.

바야흐로 봄이다. 밤나무도 튼실한 알밤을 키워낼 꿈을 꾸는 중이다. 묵은 껍질을 벗어 새로운 생을 한들거리고자 언 땅 얼음 밑에서 꿈틀거린다. 악마의 달콤한 계략인지 언제부턴가 사람을 당도로 가르는 세상이 되었다.

우리가 진짜 알맹이니 껍데기는 가라 목청을 높인다. 수박과 멜론 참외까지 알맹이 없는 껍데기만 무한 증식 중이다. 달콤하거나 쓰거나 공정을 학습한 AI가 구원투수가 될 것인가.

핵무기급이라는 AI로 무장한 인간이 진정한 지구별의 왕으로 승천할지 제 아비를 옴키는 오이디푸스의 비극을 보게 될지는 좀 더 두고 볼 일이다.

오늘

 코끝에 스미는 공기가 다르다. 쏟아지는 햇살을 옆으로 기댄 새순들이 연둣빛 등을 곧추세운다. 생동감 넘치는 봄기운이 일렁인다.
 고깔 제비 암술머리가 몸피를 키우는 여름을 꿈꾸며 기지개를 켠다. 한반도에는 이백여 과(果) 백오십여 속(屬) 사천 종(種)이 넘는 야생화가 있다. 봄꽃을 피우려 잎들이 실눈을 뜨는 중이다.
 엘레지, 노루귀, 애기똥풀, 제비꽃, 민들레, 붓꽃, 할미꽃, 깽깽이풀, 복수초, 은방울꽃, 현호색, 삼지구엽초는 봄을 알리는 전령사다.
 염소 뿔이 녹아내린다는 뜨거운 태양 아래 피어나는 꽃은 비비추, 동자꽃, 곰취, 패랭이꽃, 수련, 맥문동, 참나리, 노루오줌이 있다.

  가을꽃으로는 구절초, 꿩의비름, 투구꽃, 참취, 쑥부쟁이, 국화, 상사화, 과꽃, 마타리, 벌개미취, 용담, 초롱꽃, 한겨울 얼음 속에 피어나는 동백과 솜다리도 있다.

  다랑논 모퉁이로 이어진 동산에 결이 다른 커다란 봉분과 상석이 있는 무덤이 있다. 크고 완만한 봉분은 놀거리 없는 우리들이 미끄럼타기에 안성맞춤이었다. 무덤이라는 인식은 아예 없었고 잘 다듬어진 잔디는 소꿉놀이하기에 제격이었다.

  계절마다 꽃뫼가 피어나는 우리들의 놀이터였다. 미끄럼틀처럼 반지르르하던 풀 묏등은 시간 속으로 흘러내렸다. 난 자리에서 코 박고 살다 늙어 죽으면 개울 건너 산에 들었다.

  비탈진 산자락을 늘려 먹거리를 얻고자 허리가 휘도록 돌을 고르고 풀을 뽑아 만든, 다디단 참외와 수박을 내주던 다랑밭은 산이 되어 흔적도 없다.

  생이란 아무도 알 수가 없다. 순탄하게 살다가도 돌부리에 걸려 넘어지기 일쑤다. 예고도 없이 불쑥 걸려 넘어지면 일어서기 힘든 것이 인생이다. 누구든 휘청거릴 때 힘이 되어주는 말 한마디가 섶이 된다.

아버지의 생이 쉰 고개에서 멈추고 벌판으로 내몰린 형제들은 된바람에 밀리느라 삶의 언저리마다 빗금이 그어졌다. 헤어 나오기 어려운 늪에서 저마다의 꽃을 피워내느라 안간힘을 써야 했다.

무덤은 영혼의 집이다.

돌보지 않은 무덤은 풀뫼가 된다. 키 작은 좀양지꽃과 웃자란 개망초가 경쟁하듯 꽃내를 풍긴다. 무덤가엔 여름내 꽃이 피고 졌다. 사촌이 모이면 소대를 이루던 형제들이 앞서거니 뒤서거니 산지기 대열에 들어섰다.

평생을 쓰고도 남을 외로움과 슬픔을 양식으로 물려준 아버지와 선영을 지키던 숙부님이 6·25 참전유공자로 호국원으로 모시게 되었다. 시대의 흐름에 흩어져 있던 봉분을 한자리에 모시는 계기가 되었다.

아들에서 손자로 이어지던 봉제사, 딸도 아들도 뿌리를 찾는 거대한 담론을 떠나 살아있는 서로를 확인하는 시간이다. 이제는 나도 누구도 무덤에 와서 울지 않는다. 슬픔도 세월 따라 풍화되어 50년이 넘은 무덤은 실체의 슬픔이 되지 못한다.

시간과 함께 흐릿해진 슬픔이 서글프다. 바래지는 슬픔, 울 수 있는 슬픔은 슬픔이 아닌지도 모른다. 풍화된 슬픔들이 산등성을 맴도는 시간에도 날마다 새로운 무덤에선 사람들이 운다. 더는 울지 않는 이들과 오늘 울어야 할 사람들 사이에서 올봄에도 산은 초록으로 눈부시다.

 살아있는 오늘은 귀하고 오늘 살아있음은 축복이다.
 우듬지까지 물기운이 차오른 동산에 생기가 돈다. 다시 한 생을 펼쳐 보겠노라 앞서거니 뒤서거니 꽃망울을 터뜨린다. 매미들의 떼창이 이어진다. 산자의 몫이라는 울음, 매미들의 탄성이 애잔하게 가슴을 파고든다. 사람도 미물도 생과 사는 한걸음에 닿을 지척에 있다.
 나뭇잎이 숨을 거두기 시작한다. 꽃들이 잎을 하나씩 오므려 접는다. 느릿느릿 다가오는 신의 발소리에 산천은 옷을 갈아입는 의식을 치른다. 순연한 모습으로 땅으로 돌아갈 채비를 하는 자연을 보면서 생각한다. 한여름 무성했던 몸치레를 벗고 세상을 향해 헐떡이던 숨구멍을 걸어 잠근다.
 망설임 없이 툭 몸을 날린다.
 지나온 삶을 돌아보며 내딛는 걸음이 조심스럽다.

춘수(春愁)

나무와 풀과 꽃들이 생명의 찬가를 부르는 계절,
　물안개 피어오른 호숫가, 겨울을 뚫고 솟아오른 초록의 궐기에 봄은 성큼 와있다. 부지런한 오리 한 쌍이 정겹게 자맥질이다. 사방을 둘러보니 바람난 봄 향기는 이미 사랑을 시작했다.

　창 넘어온 햇살에 그림자가 어른댄다. 어둠 속에 뜸하던 자동차의 불빛이 분주하다. 하루의 시작, 가벼운 아침을 준비한다. 빵 한 쪽, 계란 한 개, 토마토, 텃밭에서 키운 상추와 우유 한 잔. 약을 한 움큼 곁들인 옆지기 부지런히 집을 나선다.
　쓰레기를 들고 따라나선다. 하루를 시작하는 엘리베이터가 층층의 부름에 답하느라 굼뜨다. 낯익은 얼굴로 정겹게 인사하는 아이, 멀뚱멀뚱 쳐다보는 아이, 그 짧은 순간에도 핸드폰 삼매경인 덩치만 큰 앳된 얼굴, 문이 열리자 인사를 했던 아이가 허리를 굽힌다. '그래, 즐거운 하루 되렴' 기분이 상기되어 목소리가 올라간다. 내친김에 상냥한 미소로 옆지기를 배웅한다. 아래층 노부부, 낮 동안 돌봄센터로 가는 부인을 배웅하는 중이다.

한정된 공간, 베란다를 확장해 거실은 넓어졌으나 화분 놓을 자리가 옹색하다. 커진 몸피로 몸살을 앓는 화분을 들고 꽃집에 갔다.

오종종한 야생화에 눈이 간다. 들판에 지천으로 널려도 눈길 한번 주지 않던 야생화가 수입종이나 매끈한 개량종보다 귀한 대접을 받는다. 내 눈에 띈 것이 귀한 것이라는 말이 실감 난다. 큰 집으로 옮겨 앉은 꽃나무는 오늘 밤 다리를 쭉 뻗어 편안한 잠을 잘 것이다.

저녁 뉴스는 북한의 코로나 확산과 우크라이나 전쟁의 참상을 보여준다. 모순과 굴욕이 공존하는 세상이지만 용솟음치는 봄기운은 전쟁터에도 꽃을 피울 것이다.

견고한 대지의 살갗을 뚫고 마른 가지의 수피를 밀쳐 봄은 환하게 피어날 것이다. 여린 야생화가 뿌리를 내리고 고운 꽃을 피워주기를 기대한다.

산책이나 해 볼까 집을 나선다. 초등학교를 지나는 샛길에서 고개를 들어보니 산등성이 나뭇가지에 노란 달이 걸려있다. 반달을 지나 봉긋하게 불러오는 새댁의 배를 닮았다. 기다리는 마음이 앞서서인지 봄은 늘 더디게 온다.

올 듯 말 듯 주춤거리고 찬바람에 밀려 뒷걸음질 치기도 한다. 호수를 건너려니 나뭇가지에 걸려있던 달이 물속에 빠져있다. 물속에 빠진 달 뒤로 별들이 하나둘 따라 나온다. 어릿어릿 그렁그렁 물기 머금은 저 별은 하늘로 터를 옮긴 영혼들이 피워낸 꽃망울 아닐까. 이 땅에 남은 사람들에게 '나 여기 잘 있어요' 안타깝게 흔드는 응원봉 인지도 모른다. 이미 떠난 사람을 그리워하면서 눈 가린 경주마처럼 내달려야 하는, 허방 짚은 생이 바람의 발목을 잡는다.

호수에 잠긴 달이 바람에 풀썩인다. 풀썩이는 것은 바람, 하늘 가운데 박혀있는 달은 혼자서 요요(寥寥)하다.

봄에 등을 떠밀려도 무엇을 할지 계획 같은 것은 애초에 없었다. 어디를 향하는지도 모르고 내몰린 세상에서 할 수 있는 것은 앞으로 가는 일이었다. 해거름을 서성이는 이에게도 관심을 두는 이가 있다. 무심한 척 아닌 척 우리의 삶을 지배하고 있다. 알고리즘, 언제부터인가 나보다 나를 더 잘 알아 나의 취향을 훤히

꿰뚫어 내 입맛에 맞는 것 좋아하는 것들을 추천한다. 나도 모르는 사이 그에게 포획되어 사육되고 있는 느낌, 편하지만 뭔가 개운치가 않다. 일거수일투족을 지켜보는 것을 알면서도 편하니까 모른 체하는지도 모른다.

우듬지에 걸려있는 빈 까치집이 휑하다. 무성한 잎사귀로 둥지가 덮이면 새들은 다시 알을 품을 것이다. 차고 기울고 다시 차는 슬프고 아름다운 시간의 춤사위는 불멸이다.
  라일락을 피워줄 초록에 곧 자리를 내어줄 연분홍 벚꽃을 보며 춘수(春愁)에 젖는다.

이제는

    마트에 갔다. 무엇을 해 먹을까 서성이는데 한 여자가 봄동 앞에서 배추보다 영양분이 일곱 배나 많다며 아는 척을 한다. 묵은 김치가 싫증 나던 참이라 망설이지 않고 골라 담았다.
    봄 내음 가득한 봄동 겉절이, 생선을 굽고 된장 풀어 냉잇국을 끓이고 밥솥을 여니 밥솥이 비었다. 다 차린 밥상 정작 밥이 없다. 물끄러미 지켜보던 옆지기, 이제는 그럴 때가 되었지 한다.

    위층에 사는 이가 목발을 짚고 엘리베이터에 오른다. 버스를 쫓아 뛰다가 넘어져 다리가 부러졌단다. 백수를 앞둔 아버지를 살피러 날마다 친정을 오가는 효녀다. 소식이 뜸하다 싶던 친구는 항암으로 어려움을 겪는 중이고 준비되지 않은 남편과 이별한 친구는 허공을 향해 주먹질이다. 빈 밥솥 얘기를 하니 이제는 우리가 그럴 나이란다.

그럴 나이. 에어컨을 향해 TV 리모컨을 누른 적도 있다. 까딱 어긋난 검지는 한 달이 넘도록 힘을 못 쓴다. 수술이 아니라 시술이라기에 얕잡아본 최신식 처방도 시간에 짓눌린 어깨를 되돌려 줄 기미가 안 보인다.

둔해진 순발력과 집중력으로 실수를 연발한다. 그런 낌새가 한두 번이 아닌데 내게 온 총체적 증상으로 용납하지 않는다. 어쩌다 그럴 수 있는 우발적 해프닝이라 시침을 떼고 있다.

백발은 염색으로, 수명을 다한 치아는 임플란트, 다초점 렌즈로 감추고 포장해서 아직은 별거 아닌 척 그럴 수도 있지. 나 스스로 자신을 속이며 애써 외면하고 있는 게 아닌가.

젊은 날엔 저마다의 개성과 제각각의 다양성, 특별함에 매료되었다. 나이 들며 모두가 하나로 연결되어 있다는 존재의 인과 관계성을 뼈저리게 공감한다. 팽팽하던 나사는 헐거워져 경계마저 느슨해졌다. 깊숙이 숨겨둔 여리나 단단하던 귀퉁이가 시나브로 허물어진다. 단칼에 내치듯 푸르던 서슬과 강고하던 풀기는 무뎌져 절대 안 될 일도 이해 못 할 것도 없다.

존재의 유한성을 극복하는 구원을 향한 초신성의 폭발이 중성

자별로, 백색 왜성으로…… 이울고 사위고 스러져가듯.

 언제부턴가 친구들이 만나면 화제는 한곳으로 귀결된다. 손자와 건강, 여기도 아프고 저기는 쑤시네, 엄살이다. 무얼 먹으니 좋다더라. 어디 둘레길이 걷기가 편하더라며 관심은 온통 건강 이야기다. 그러다가도 흐드러진 봄꽃엔 환호성과 호들갑은 잊지 않는다. 숨차게 달리느라 겪은 고난과 역경은 시간의 줄기에 켜켜이 쌓여 인간을 숙성시켜 성찰의 근원이 되지만, 시간에 업혀 가느라 열정도 호기심도 시들해졌다.
 협소해진 생활반경에 좁아진 시야로 정신도 키를 넘지 못한다. 나이는 숫자에 불과한 거라고 듣기 좋은 입발림이다. 흘러간 시간은 숫자놀음이 아닌 진리의 합이다. 약간의 개인적 편차가 있을 뿐 관절 마디마디가 옹이가 져 삐걱대고 얼굴에 그어진 금줄 만큼 마음에도 고랑이 파인다.

 봄꽃 흐드러진 천변 길섶에 초록이 손을 내민다. 흐르는 물소리도 청아하다. 이름 모를 풀꽃들이 피어나고. 온갖 새들이 제소리로 봄을 알린다. 특별한 노력을 한 적도 없고 대가를 치르지도 않은 숱한 것들을 공으로 누리며 살았다.
 돌아보니 세상에 기적 아닌 게 없다. 태어나면서부터 이 세상의 온갖 아름다움과 어미의 얼굴조차 볼 수 없는 암흑을 사는 사람도 있고, 도깨비처럼 날아다니는 산불로 속수무책 보금자리를 잃어버린 사람들, 뉴스를 장식하는 떠들썩한 사건 사고로 많은 사람이 지울 수 없는 상처와 고통 속에 살아간다.

한두 번 넘어지지 않는 삶이 어디 있는가. 집이 불탄 적도, 떠밀린 자리에 발목도 잡히지 않았으니 이 또한 기적을 살아낸 것이다. 홍해를 가르고 죽은 자를 살리는 것만 기적이 아니다. 탈 없이 지나가는 오늘 하루가 기적이다. 살아있음이 최고의 행운인 것을 허구한 날 일러줘도 모르겠냐고, 모호한 추상개념을 실체적 감각으로 일깨워 준 시간이라는 선생이 뒷머리를 친다.

다람쥐 쳇바퀴 도는 일상이 시들해 투덜대다가도 무슨 일을 당하고 나면 지금까지의 무탈함이 얼마나 복된 날이었는지를 절절하게 돌아본다. 돌이켜 보면 이 나이까지 무사한 것은 떠들썩한 별일들이 아닌, 표나지 않아 기억도 없는 별일 없는 날들 덕분이었다. 복마전과 다름없는 인생길 갈피 갈피를 요리조리 용케 비켜난 것이다. 흔들리긴 했어도 궤도 이탈을 하지 않음은 천운 아닌가.

하찮고 작으나 소중한 것들에 감사한다. 무사히 지나온 자리를 수굿하게 돌아봐도 좋을 나이, 그래 이제는 그래야 할 나이다. 햇살 아래 잘 익은 열매처럼 순전한 하강 준비를 할 차례다.

　무엇을 잘하려 용을 쓰지도, 잘 보이려 애쓰지도 않고 미운털 박히지 않게 곱게 늙어 갈 수 있으면 좋겠다.

　나이를 내세워 위세를 부리거나 허풍을 떨지 않고 숫자만큼 값을 하며, 주위 사람들에게 빈축 사지 말고 민폐 끼치지 않고 농익은 향기로 가만가만 연 착륙할 수 있다면, 죽음은 치유 불가능한 몸의 유한성을 극복하는 진정한 구원(救援) 아니겠나.

물 바라기

초록이 연두를 물어 먹는다.

봄은 가장 어두운 곳에서 숨죽이고 있는 것들이 먼저 감응한다. 서쪽 하늘에 일행을 놓친 기러기 한 마리가 날아간다. 겨우내 마르고 경직된 나무들이 봄바람에 살랑살랑 몸을 푼다. 이 봄엔 어느 쪽 하늘로 불땀머리를 내밀어 볼까. 물오른 팔을 뻗어 슬쩍슬쩍 허공을 마름질하고 있다. 다시 일어서는 것들이 봄의 문턱을 넘느라 햇살과 바람의 키를 재고 있다.

여린 가지마다 물감이 번지듯 초록이 일어선다. 음습한 땅속에서 결기를 다지고 있는 뿌리를 생각해 온 힘을 다해 불끈 솟구치려는 결기로 충만해 있다.

자전거를 탄 청년의 헬멧이 마른 나무초리를 치고 간다. 동면 중인 삭정이라면 뎅겅 부러졌을 것이다. 봄을 담은 생명수가 우듬지까지 잘 공급되고 있다는 신호다. 인제 그만 겨울잠에서 깨어나라. 낭창낭창 흔들린다.

  눈보라를 견딘 생명에 바람의 수다를 전해줄 입술에 봄이 번지고 있다. 봄에 일어서는 것들은 거침이 없다.

  누구에게 보이기 위해서가 아니라 자신을 펼쳐 보이려 어두컴컴한 깊은 곳에서 안개 자락 같은 샘물이 퍼 올려지고 있다.

  심장을 매단 도르래는 오늘도 맑은 샘물 퍼 올리느라 밤을 새운다.

  모든 숨붙이는 물 바라기이다. 물이 좋아, 물이 오른다. 계곡에 숨겨둔 이쁜 늑대를 찾아 우리 생명 가진 것들은 다 그렇게 물이 올라 물을 따라간다.

고봉으로 핀 이팝꽃

 댕그랑 푸쉬 쉬익 푸시식 칙,
'뜸들이기를 시작합니다'

 친절한 안내와 함께 밥솥이 구수한 냄새와 더운 김을 뿜어내는 아침. 흐벅지게 핀 이팝 꽃으로 집 앞 도로가 환하다. 고봉밥이 소용없는 세상에 이팝 꽃만 고봉으로 탐스럽다.

 소비는 갈수록 줄어 쌀이 남아도는 세상, 군입거리 없는 밥 한 그릇은 성에 차지 않아 우리 숟가락은 엄마의 밥그릇으로 향했다. 아버지 밥은 주발 위로 수북이 감투를 쓴 고봉밥이다.

 이놈도 저놈도 한 숟가락씩 엄마 밥그릇은 금새 바닥을 드러냈다. 가만히 지켜보던 아버지가 밥을 덜어 엄마에게 건네준다. 그때는 몰랐던, 밤새 젖을 물리는 엄마가 긴 겨울밤이 얼마나 길었을까 생각하면 가슴이 저릿하다.

　고봉밥은 이제 옛말이 되었다. 아이들은 고봉이 무언지 알지 못한다. 바람이 퍼가고 구름이 퍼먹고 고수레 논두렁에 퍼주어도 하얀 쌀밥이 남아돈다. 고봉으로 핀 쌀밥 꽃이 길가에 떨어져 발길에 차이고 자동차에 뭉개지고 빗물에 쓸려간다.

　해병대를 나온 옆지기가 허허실실 뱉은 말. 훈련받는 동안 양재기 두 개가 식판이었다. 밥과 국이 전부인 급식으로 쇳덩이도 녹여낼 청춘들은 늘 배가 고팠다. 설거지 한 물이 내려오는 수챗구멍 아래서 기다렸다. 떠내려오는 콩나물 대가리, 불어터진 밥알갱이를 손으로 받쳐 건져 먹었다는.

　쌀을 아끼려 혼식을 위해 학교에서는 도시락까지 검사를 받아야 했다. 값이 헐한 혼합미를 사 먹기도 했다. 남아도는 쌀을 처치하려 쌀라면, 쌀국수, 쌀막걸리, 쌀 햄버거까지 먹을 게 넘쳐난다. 학교 급식실엔 어쩔 수 없는 상황이라며 허연 쌀밥이 통째로 쓰레기통에 처박힌다.

　잉여는 결핍보다 더 아프게 다가온다. 앙상한 갈비뼈 사이 볼록한 배를 안고 숨을 몰아쉬는 아프칸의 그 어린것들, 제 키보다 큰 자루를 메고 맨발로 산처럼 쌓인 쓰레기 더미를 뒤지는 어린 소년들, 지구 저편에서는 백만 명이 굶어 죽어간다는데, 오늘도 꽃제비들이 정글을 헤치고 사선을 넘는 이유는 밥을 위해서다.

무슨 일이 있어도 자식들에게 배곯는 가난만은 물려주지 않으려 어떤 희생도 마다하지 않던. 일제 식민지와 한국전쟁을 겪으며 가장 고단한 삶으로 이 땅을 지켜낸 세대, 맨땅에 맨몸으로 맞서 근대화를 일궈낸 증인들이 숨 쉬고 있는 나라, 생존이 전부였던 이들이 아직 생존해 있는 세계 10위 경제 대국, 소득 3만 불 선진국 부자나라. 그 시간을 넘어온 노인들의 빈곤율이 가장 높은 이상한 나라.

길을 잃어버린 젖은 꽃잎이 창문에 달라붙어 다른 계절을 일러준다. 슬픔이 즐비한 현실은 새벽 별처럼 숭고한데 어딘가에 배가 고파 꿈을 놓아버린 지친 유랑자들만 선잠을 청한다.
거리엔 달빛 아래 혼자 견디다 불거져 나온 탐스러운 이팝 꽃만 고봉으로 흐벅지다.

시인의 언덕

빌뱅이 언덕,

하얀 때죽나무꽃들이 달콤한 향으로 손님을 반긴다. 바닥에 떨어진 꽃잎은 흡사 별을 뿌려놓은 듯하다.

한평생 어린아이 같은 순수함으로 아이들을 위해 살다 가신 아동문학가 권정생 선생의 숨결을 간직하고 있는 오두막이 보인다. 베스트셀러를 여러 권 낸 선생은 인세만으로도 서울 한복판에 집을 사고도 남았을 정도다. 떠돌이로 살다 마지막 정착한 곳이 빌뱅이 언덕 아래 흙집이었다.

한 시인은 도저히 사람이 살만한 집이 아니라 했지만, 선생은 외딴집에서 눈치 보지 않고 아플 수 있어 편하다 했다. 그에게 재물은 하루 한 끼 먹을 양식과 두어 벌의 옷가지, 누워 쉴 수 있는 몇 평의 공간이면 충분했다.

　발간되는 책마다 좋은 반응을 얻었으니 전집을 욕심 낼만도 한데 각기 다른 출판사에서 책을 냈다. 영세한 출판사가 고루 먹고 살아야 한다는 그분의 신념이다. 통장에 남겨둔 거액은 아이들에게서 온 것이니 아이들을 위해 써달라 했다.

　세상 모든 존재에게 이렇게 세심한 관심과 애정을 주는 이 세상이 굴러갈 수 있는 거름을 뿌리고 가신 이 시대의 진정한 사랑꾼이라 생각된다.

　해거름이나 달밤이면 빌뱅이 언덕을 올랐다는 선생의 발자국을 따라가 본다. 조붓한 골짜기 도랑에 콘크리트로 만든 징검다리가 있다. 징검다리 주변에 훌쩍 키를 키운 풀들만 우북하다. 선생의 눈길이 닿았을 법한 자리마다 범부채 잎이 초록으로 무성하다.

　교회 청년들이 흙벽돌을 찍어 손수 지었다는 울도 담도 없는 개울가 오두막집. 벽돌 사이에 손수 만들어 놓은 새집도 휑하니 비었다. 사람들의 발길이 뜸해지니 가꾸던 채마밭도 잡초만 무성하다. 주인 떠난 빈집 수돗가에 앵두는 붉게 여물고 산수유나무는 저 혼자 비대해진 몸집을 자랑 중이다. 한겨울에 난방이 되지 않는 마룻바닥에 엎드려 기도하던 지금은 흔하게 볼 수 없는 교회 종탑이 보인다.

교회 종지기였던 선생은 아이들을 사랑했다.

평생 혼자 살면서 농사일에 바빠 자식 교육에 맘을 쓸 여력이 없는 부모들을 대신해 마을 아이들을 거두고 돌보았다. 아이들은 학교가 끝나면 교회학교 교사인 권 집사님 방으로 달려왔다.

빼곡하게 책이 꽂힌 작은 방이 숙제하고 만화 영화도 보는 공부방이자 놀이터였다.

선천적인 약골에다 열악한 환경으로 돌봄을 받지 못해 병은 깊어만 갔다. 칠십 평생 약골로 기신기신 살아내느라 깊은 사유로 다른 사람의 약함을 읽어내는 특별하고 세심한 시선을 갖게 되었다. 힘들고 연약한 이웃들에 대한 따뜻한 시선이 산과 들, 자연에서 민족의 설화로 이어졌다.

뭉근하게 따스한 그의 성찰은 때론 솔직하고 날카롭다.

석유 한 방울 나지 않는 나라에 넘쳐나는 승용차로 길이 막히는 것을 안타까워했던, 건너편 도로엔 차들이 줄지어 달린다. 마을 가까운 곳에 골프장이 들어서는 것을 반대하던 마을 사람들도 물질을 앞세운 회유에 결국은 손을 들었다. 끝까지 보상비를 받지 않은 분이 선생뿐이었다는 것은 많은 생각을 하게 한다.

보리쌀 두 홉을 삶아 바가지에 담아놓고 금 그어가며 한 끼를 해결했다는, 자신을 위해서는 최소한의 것들로 생활하면서 보이지 않는 자선을 끊임없이 베풀던 그는 진정한 부자였다. 어깨가 축 처진 청년들에게 세상에 쓸모없는 건 하나도 없다. 반드시 어딘가에 귀하게 쓰일 날이 올 것이다. 조금 느려도 괜찮다고 어눌한 말투지만 확신에 찬 격려를 해주었다는 분.

선생을 만난 것은 몽실언니라는 소설과 TV 드라마다. 전후 궁핍한 세대를 겪은 경험자로 아프게 다가왔다. 소비에 대한 그분의 생각 한 자락을 들춰보면 너무 편리한 삶 자체에 대한 회의감을 갖게 한다.

마주치는 작은 생명 하나하나에 살뜰한 애정을 준 그분의 소박한 시선을 마주하면서 불편한 생각이 든다. 생각 없이 쇼핑하다가 '옷장에 가득한 옷을 두고 꼭 필요한 것은 아니지…… 망설인다.

에어컨 실외기에 나란히 앉아 응가를 하는 비둘기를 쫓으려다 더불어 살라고 하나님이 만든 귀한 생명인데, 미안한 마음이 들기도 한다. 이런 어쭙잖은 자아 성찰은 얼마 안 가서 까먹을 게 뻔하지만. 뇌리에 남은 이 불편한 마음이 내 생에 한 자락 스며들지 않을까, 혼자 생각해 본다.

다시 봄이다. 어디 잠깐 소풍이라도 다녀온 듯 낯익은 꽃나무들은 가지마다 축복의 꽃망울로 예를 갖춘다. 가슴 미어지는 아픔일랑 고목에 걸어 두고 초록 눈썹을 달고 흔들리는 나무들처럼 살아있는 오늘, 봄을 사랑한다.

시인은 가고 푸르름만 넘치는 빌뱅이 언덕 위로 석양이 긴 그림자를 불러 세운다.

가장 아름다운 꽃

담장을 덮은 것은 꽃이 아니라 시간이다. 쉬지 않고 흐른다지만 실체는 보여주지 않는다. 내 것인 듯 누구의 것도 아니지만 언제나 누구에게나 공평하다.

재깍재깍, 초침 소리와 함께 아이들은 청년이 되고 분침에 실려 늙어 노인이 된다. 세월은 사람들을 마법에 빠뜨린다. 설 자리를 알지 못한 채 때와 장소에 따라 다른 이름으로 불리느라 펄떡이던 날들이 아련하다. 희끗희끗하게 색이 바래지니 할머니로 불리며 나를 주창하던 이름마저 푸석해져 갈 곳을 잃고 서성인다.

심장이 뛰는 동안 이름은 존재로 인정을 받는다.

이름은 나를 비추는 거울이다. 거울 속에 비친 그림자는 나를 넘어서지 못한다. 스스로 길은 내는 일은 간단치가 않아 쭈뼛거리며 발을 담근 글 길에서 나를 찾는다. 벽으로 둘러싸인 세상에 혼신으로 나를 찢어 세상과 소통할 수 있는 끈이다. 답이 없는 물음에도 무너지지 않으려 세상과 소통할 글제를 찾는다.

나와 함께 세상에 나와 나로 불리며 환희와 슬픔의 갈피마다 우여곡절이 수북이 쌓였다. 길목에서 붙들린 이름들이 덜컹거리고 있다.

어려운 시절 '맏이'는 숙명이자 굴레였다. 부모의 부재 속에서 큰언니라는 줄기는 그 이름만큼이나 스스로 담대해져야 한다. 당연한 버팀목이라 믿는 동생들에게 주저앉거나 눈물을 보여서는 안 된다. 허리가 잘린 꽃나무들을 세워 뿌리를 내리려면 담금질을 견뎌야 한다. 기댈 곳이 없으니 세찬 비바람에도 용기가 꺾이지 않아야 한다. 허공에 둘려진 가족이라는 울타리를 지켜내려면 내일을 향한 숨찬 가지 뻗기를 멈출 수가 없다.

한세상을 산다는 것은 저마다의 꽃을 피워내는 일이다. 녹록지 않은 생존경쟁에서 작은 꽃들이 눈물 나도록 진지하게 피고 진다. 어떤 이름은 시공을 넘어 꺼지지 않는 불꽃으로 다시 피어난다. 그 꽃을 우리는 영웅이라 부른다.

　이젠 각자 제 몫의 실한 뿌리에 예쁜 꽃을 피웠지만 지금도 큰언니의 무게는 어깨를 누른다. 현실은 호락호락하지 않아 오늘도 통증을 견디고 있는 고만고만 닮은 눈망울이 가슴에 와 박힌다. 숨 가쁜 세월에 밀려 쇠잔해진 탓인지 길을 걷다가 언니라는 말이 들리면 목 언저리가 뜨거워져 나도 모르게 고개를 돌린다.

　무시로 발목을 잡는 어둠을 떨쳐내다 보니 이순(耳順)을 지나고 종심(從心)의 고개도 넘어섰다. 아직도 낯선 처음을 대적하느라 허우룩하니 강마른 어깨가 자꾸 균형을 잃는다.

　졸아드는 마음을 쓰다듬어 줄 간절함은 무엇일까. 허망해지는 무기력을 채워줄 것은 사람 아닌가. 엄마 뱃속에서 탯줄에 기대어 하나로 살다 세상에 온 우리는 서로 기대지 않고는 살 수 없는 사람(人)인 것이다. 잊고 있던 본래의 마음자리가 고개를 내민다. 낯선 바람에 흔들리느라 잊어버린 아득한 것들이 밀려온다.

　세월은 우리에게 곱다라니 흔적을 새겨 놓는다. '모든 외로움 이겨낸 바로 그 사람, 사람이 꽃보다 아름다워' 허스키한 가수의 노랫말이 헐렁한 가슴에 와 박힌다.

　꽃은 필 때가 가장 아름답지만 사람 꽃은 '필 때보다 어떻게 지느냐가 더 아름답다'라는 것을 무지한 내게 가르치느라 세월은 무수한 시간의 지층을 넘어 나를 흔들었나 보다. 내 안에 반짝이며 생각만으로 가슴이 저릿하고 마음이 따스해지고, 눈물이 글썽여지지는 이름을 나긋이 불러본다.

  이름을 불러본다는 건 그리움이 쌓인 언덕을 오르는 일이다. 지나온 걸음을 따라가면 내가 살아온 길이 된다.

분신이 되어버린 전화기, 가끔 새 이름을 새겨넣고 다시는 볼 수 없는 세상 밖으로 가버린 이름을 지우지도 누르지도 못하고 매달고 있다. 너는 없는데 나는 있어 품고 있노라면 헐렁한 인드라망을 구슬로 반짝여 주려나. 오래돼 희미해져 낯설어진 이도 있다. 지금도 누군가는 어떤 이름을 두고 삭제, 추가를 망설이고 있을 것이다. 우리 모두 언젠가는 사라질 거로 생각하니 이름 하나하나가 사무친다.

  애틋한 이들을 새겨 담는다. 허허벌판에 시간의 줄을 잡고 흔들리는 풀 한 포기도 선 자리 척박하다 주눅 들지 않는다.

  비바람이 무슨 대수냐 외면하지도 않는다. 사느라 편히 부르지 못한 이들. 한 생명은 존재만으로 세상의 꽃이다.

  초목이 그냥 초목이듯 사람은 그냥 사람으로 귀하다. 보고 듣고 말할 수 있는 다시없는 귀한 존재인 사람으로 태어난 것은 기막힌 천운이다. 슬프면 울고 기쁠 때 웃을 수 있으면 그만이다.

그립고 설레고 기다림이 있으니 더 무엇을 바랄 것인가. 손 내밀면 닿을 수 있는 사랑하는 이들과 서로 다독이며 긍정으로 노래하고 꿈을 꾼다.

숱한 비구름을 흘려보내며 뜨겁고 시리게 핀 사람 꽃 하나, 아직 피우지 못한 꽃들의 전쟁터 같은 글 속을 종일 헤매고 있다.

그리운 수다

바람이 분다. 우리의 삶도 바람에 실려 간다. 해마다 봄은 찾아왔으나 같은 봄은 없었다. 연두로 움트느라 목마름으로 아찔하던 스무 살의 봄, 일곱 번의 강산이 바뀌면서 숱하게 만났던 봄날은 닮았으나 다른 얼굴이었다.

또 다른 봄을 꿈꾸는 시간이다. 코로나19라는 불청객, 메르스와 사스를 떠올리며 쉬이 넘어갈 수 있는 고개려니 생각했다. 마스크 두 장을 얻느라 긴 시간 줄을 서 투덜댔으나 그것은 시작에 불과했다.

이불깃에 스미는 햇살에 게으른 눈을 뜬다. 마당 없는 공중 살이, 늦잠에서 깬 고양이가 느릿느릿 운동장을 지나간다. 학습센

터, 체육관, 도서관 모두가 출입 금지다.

  집에 갇혀서 할 수 있는 일은 인터넷을 뒤지고 묵은 살림살이를 들추어 보는 것 말고 할 게 없었다. 무엇을 해야 할까. 눈에 띈 것은 백일장, 가슴 한쪽 아릿한 그리움이 고개를 들었다. 끼적여 놓은 글을 보냈더니 생각지도 않은 최우수상이란 연락이 왔다. 코로나에다 긴 장마로 울(鬱)에 갇힌 마음 자락을 촉촉이 적셔주었다. 시상식이 취소되어 살짝 아쉬웠으나 우편으로 온 상장만으로도 마음은 날아갈 듯 가벼워졌다. 아득하게 멀어진 약속들이 고개를 내밀었다. 침잠에 든 나를 돌아보았다.

  생명과 자연환경을 주제로 한 문학상, 생과 죽음, 삶의 가장 원초적인 물음 아닌가. 엄마가 생각났다. 어린 날 아픈 날이 많은 엄마가 죽을지도 모른다는 걱정을 했다. 아는 거라곤 콩쥐 팥쥐가 전부여서 엄마는 죽고 계모의 학대를 상상하며 작은 가슴은 오그라들었다.

  하지만 한 치 앞을 가늠할 수 없는 것이 세상사였다. 병약한 엄마와 철부지들을 두고 먼저 간 것은 아버지였다. 다 자라지도 않은 형제들은 서로에게 기대어 발돋움했다. 빈방에 홀로 그림자로 살다 간 엄마를 그리는 글을 써 보냈다. 간절함이 닿았는지 수상에 들었다.

한 달 뒤에 있을 시상식은 코로나 상황에 따라 유동적이라는 연락이 왔다. 기세는 꺾이지 않아 상장과 글이 실린 문집이 우편으로 왔다.

출판을 전제한 가족 에세이 공모. 내 이야기를 쓰는 것이야 어렵지 않았으나 분량을 맞추느라 조금 애를 먹었다. 알 수 없는 자신감이 들었고 수상에 들었다. 축하 행사는 전부 생략되고 내 글이 실린 책이 나왔다. 반가움보다는 발가벗고 거리에 선 듯 두려움이 앞섰다.

당연한 일상들이 취소되고 미루고, 엉키고 꼬여도 시간은 멈추지 않아 한 해가 저무는 시간. 찬바람과 함께 글 쓰는 이들을 조바심 나게 하는 12월, 신춘문예의 시간, 다시 보고 다듬느라 마감 하루 전, 오늘 날짜 우편 소인이 찍혀야 하는데 프린터가 말썽이다. 다음날 출력을 했으나 우편 접수는 불가다. 되지도 않을 텐데 그만둘까 망설이다 기왕 써놓은 것이니 여의도 신문사로 원고를 들고 갔다.

생각지 못한 일이 현실이 되었다. 신춘문예 당선, 가슴은 벌렁거리고 마우스를 잡은 손이 벌벌 떨렸다. 시상식은 코로나를 지켜보고 천천히 하겠노라.

상황은 점점 악화해 확진자는 날마다 숫자를 늘려가고 있다. 계획했던 시상식 날이 지나도 감감무소식이다. 한 사람씩 불러서라도 좋으니 취소만 되지 말기를 간절한 마음으로 바랐다.

종심(從心)의 내게 이런 날이 또 있을까 싶어 사진 한 장 꼭 남기고 싶은 마음이었다.

두 달 후 연락이 왔다. 참석은 수상자 한 명에 가족 두 명. 아무려면 어떤가. 시상식만 하면 되었다. 최소한의 인원에다 마스크에 가린 얼굴로 누가 누군지 아무도 모르는 시상식이었다. 게다가 심사 위원장도 코로나 확진으로 축사도 심사평도 생략되었다.

그래도 괜찮다. 이마저 없었다면 얼마나 아쉬웠을 것인가. 마스크 쓰고 띄엄띄엄 앉아 조촐하다 못해 초라했으나 내 인생 최고의 날이었다.

책 쓰기가 유행이다. 받은 상패를 구실로 책 한 권 내 보자 어쭙잖은 욕심이 생겼다. 막상 출판을 결심하니 미흡하고 허술했다. 코로나가 주춤한 틈에 딸과 함께 제주도를 찾았다. 제주의 바람과 바다가 답답한 가슴을 열어주었고 자판을 두드리는 손놀림도 한결 가벼웠다.

원고 넘기면 되는 줄 알았는데 글쓰기보다 더 어려운 고비를 넘어야 했다. 겨우 문서작성 정도의 실력으로 출판사와의 피드

백은 만만치 않았다.

 친구와 형제들이 출간기념회를 하라 부추겼으나 하루 수만 명을 넘나드는 확진자가 나오는 상황에 아쉽지만 접어야 했다.

 삶이란 기획하거나 원하는 곳으로 흐르는 물이 아니다. 어디서 흐름이 멈추거나 방향을 돌려 엉뚱한 곳으로 내닫게 될지 아무도 모른다.

 보이지도 잡히지도 않는 바이러스는 세상을 통째로 흔들어 놓았다. 코로나에 붙들려 글을 쓰고 생각지 못한 상을 받았으나 시상식은 물론 자축의 기회도 주지 않았다.

 벌거벗고 수행 중인 나무들이 눈인 듯 아닌 듯 불은 국수 가락 같은 성긴 눈을 맞고 있다. 활활 타오르지 못한 불완전 연소의 그을음에 갇힌 세상이다. 파란 깃발 빨간 깃발을 흔들며 진영과 적폐를 논하는 그들만의 리그로 세상은 시끌시끌하다.

 멀쩡한 두 눈을 뜨고도 내가 잡은 코끼리 발목이 전부라 굳게 믿는다. 한통속에 파묻혀 틀어지고 뻐딱한 목에 목청만 높인다.

 기하급수적으로 늘어나는 확진자, 끝이 보이지 않아 지치고 무뎌져 두려움도 긴장감도 느슨하니 풀어졌다. 이 또한 지나가리라 망연히 기다린다.

정점을 찍고 내려온다는 그날을 기다리는 수밖에 딱히 할 일도 없다. 너무나 당연했던 일상들이 사무치게 그립다. 입춘이 지나도 날 선 칼바람에 낮게 엎디어 흔들리는 억새들, 봄을 기다리는 나무들은 햇살 아래 조잘거릴 초록빛 혀를 내밀 준비에 분주하다.

손잡지 않아도 교감하고 소통하는 시대, 먹을수록 허기지는 나이, 간절한 소망은 따스한 손 잡고 가림막에 갇힌 입 열어 시시껄렁한 묵은 수다를 맘껏 떨어보는 일이다.

개와 늑대의 시간

　가로등이 점고하듯 불을 밝힌다.
빛나던 하루가 산등성이 뒤로 몸을 숨긴다.
도로 위엔 꽁무니에 빨간 등을 매단 자동차가 질주한다.
창문에 온기가 들면 사람들은 저녁의 품속으로 걸음을 재촉한다. 어스름 사이로 근원을 모르는 아릿한 슬픔이 고개를 든다. 무심코 지나치는 낯선 얼굴과 간판들 틈에서 생기로워지고픈 욕망과 처지는 걸음이 충돌한다.
　어둠 속으로 영영 사라질 것 같은 나를 부둥킨다.
낮 동안은 살벌한 다툼과 아찔한 속도의 경쟁에 내몰린다. 앞만 보고 달려가느라 몸도 마음도 만신창이다. 앞으로 내닫던 것들이 석양 아래 순해진 숨을 고른다.

살아남으려 필사적이던 몸짓을 잠시 내려놓고 하늘을 본다. 무사한 하루에 안도하며 지친 어깨를 기대어 연민의 눈길로 서로를 위로하며 집으로 향한다.

개와 늑대의 시간, 사물의 윤곽이 희미해져 언덕 너머로 다가오는 실루엣이 내가 기르는 개인지 해치러 오는 늑대인지 분간할 수 없음을 이르는 말이다. 이쪽도 아니고 저쪽도 아닌 모호함, 동료인지 적인지 모르는 일말의 불안과 경계의 허물어짐이다. 어둡지도 밝지도 않은 낮도 아니고 밤도 아닌 땅거미 지는 박모(薄暮), 빛이 사라진 자리에 아련하고 아득한 푸르스름한 묵(默)으로 고요한 하늘이 도심을 덮는다.

별이 사라진 도시의 하늘. 고흐의 '별이 빛나는 밤', '별은 언제나 나를 꿈꾸게 한다.' '루앙에 가려면 기차를 타듯이 우리는 별에 다다르기 위해 죽는다.' 던 고흐의 우주, 자신의 귀를 잘라 붕대를 감은, 한 사내가 시가를 물고 허공을 바라보고 있다.
목화송이 같은 애기 별들이 시린 무릎 위로 내려앉는다. 어깨를 짓누르는 쓸쓸함을 털어내며 그 나른함 속에 젖어 든다. 사람들이 삼삼오오 모여 앉아 차를 마시고 웃고 떠든다. 현란한 인공 빛에 잠시 눈이 먼다.

골목 카페에서 흘러나오는 쇼팽의 녹턴, 걸음을 멈추고 귀를 기울인다. 가슴을 파고드는 부드러운 감미로움이 하루의 고단함을 잠시 잊게 해준다. 색을 잃은 달빛도 선율에 취해 구름 속으로 흩어진다. 시장기가 엄습해 온다.

뜸을 들이는 보리밥 냄새가 골목에 번지면 아버지는 자석에 끌리듯 땅거미와 함께 소 꼴을 한 짐 지고 집으로 돌아왔다. 고단한 몸에선 소금기 먹은 흙냄새가 버섯처럼 피어올랐다.
까만 눈망울들이 아버지가 좌정하기를 기다린다. 두레반 상엔 짜글이 된장과 겉절이, 장아찌가 전부다.

시간의 환(環), 저녁은 끝난 듯 시작이며 어둠인 듯 밝음이며 소멸인 듯 생성이다. 해 아래 쌓아 올린 허름한 나만의 성을 돌아보는 자기반성의 시간이다. 경계의 선을 넘어 자기 속으로 스며드는 침잠이다. 민들레는 덤불 속으로, 달팽이는 풀더미에, 나무는 울창한 숲으로 스며든다.
기쁨은 슬픔을, 따뜻함은 외로움을, 내일은 오늘을 품는다. 산등성이 너머 외곽도로의 희미한 가로등과 자동차 불빛, 사람들의 웅성거림이 서로에게 녹아 들어 하나가 된다.
저녁이 주는 평안함과 밤의 아늑함이 기다려지는 것은 낮 동안의 치열함이 버거워서다.

 그림자가 길어진 갯골 생태공원. 젊은 엄마들이 왁자지껄 신나게 놀던 아이들을 불러 짐을 챙긴다. 저무는 하루의 뒷모습을 바라본다. 어스름은 모든 것을 품어 안는다. 사랑과 이별, 행복과 불행, 웃음과 눈물까지 혼연일체가 된다. 모든 물체가 원래 하나에서 분화하듯 아득하던 시간도 한곳으로 귀결된다.

 시간은 스스로 깊어지는 법을 안다. 높고 큰 것을 추구했던 욕망이 부질없음을 깨닫는 순간, 멀리 있던 것들이 조금씩 곁을 내어준다. 밖으로만 내닫던 걸음도 시나브로 제자리에 돌아와 있다. 먼 곳을 배회하던 눈길을 발치 아래 놓으니 마음이 고요해진다.

 어둠에 잠기는 물속을 들여다본다. 바람이 수면 위로 무수한 주름을 그으며 물 더미 속으로 사라진다.

 산과 그림자가 하나로 스러지고 오리는 집으로 가고 가로등 불빛마저 물속에 잦아든다. 미련 없이 자신의 경계를 허물어 버리는 저 모습이야말로 내일을 꿈꾸는 바람 같은 것. 모든 생명은 홀로 존재하는 것이 아니라 함께 하는 동반자, 제 허리 곧추세워 어깨를 겯고 가지로 뿌리로 닿아 있음이다.

 어깨에 와 닿는 바람 손. 누구일까. 아랫집 순둥이거나 뒷산의 늑대이거나. 어느 쪽이어도 괜찮다. 지금의 생각과 경험, 손안에

든 것으로 족하다.

  꽃 진 길목에 바람이 되어 사랑을 전할 수 있다면 편안한 것은 편안한 대로, 아프고 고단하던 지난날이 응집된 삶은 유의미하다. 나를 찾아올 또 다른 처음을 기대하며 모든 것을 용납하는 시간, 치열했던 하루가 산마루턱 묵화 속으로 고단한 몸을 접는다.

어떤 놈

 사람은 사유(思惟)의 동물이고 사유는 시간이 필요하다. 첫눈에 반한 사랑도 사유의 시간은 중요하다. 세상에 와 엄마와 첫 분리, 어린이집에 온 아가도 한 달 정도의 적응이 필요하다. 반려동물도 새 주인과 교감하려면 시간이 걸린다.
처음 겪은 코로나처럼 우리는 살면서 느닷없이 닥치는 숱한 사건들 속에 살아간다.

 남. 사. 친. 남자 사람 친구, 이성간 친구는 될 수 있다, 없다 의견이 분분하다. 사람의 감정은 언제라도 이성을 흔들어 이성간 우정이란 담보하기 어렵다. 사랑은 움직이는 거라 하지 않던가. 코흘리개 적부터 알아 온 친구라 여기던 이도 틈이 나면 수컷의 결기를 보이고 싶어 한다. 드러난 게 전부인 앎에서 알코올 성분은 본성에 충실하기 마련이라 이성간 우정은 깨지기 쉬운 살얼음일 수밖에.

 남, 사, 친이던 이가 있었다. 친구라면 그 사람의 형편을 웬만큼 아는 것이 맞는데 아는 게 별로 없다. 우연히 들른 어느 화가의 전시회에서 만났다. 분주한 화가를 대신해 안내도 하고 부산에서 활동 중인 가난한 화가의 전시회 준비에 손을 보탠 동지였다. 공중에 떠도는 억, 억, 동그라미를 셀 수 없는 그림값은 작가는 가고 그림만 남아서 돌고 도는 그들만의 리그일 뿐, 오늘도 캔버스에 혼을 담는 화가의 삶은 보통의 서민들과 다르지 않다. 전시회 한번 하기도 버거워 주변의 후원이 있어야 가능한 게 현실이다.

 문학을 꿈꿨으나 먹고사는 일이 우선이었다. 밥줄이던 회사가 IMF에 문을 닫아 퇴직금 한 푼 받지 못하고 쫓겨났다. 경상도로 내려가 장미농원으로 생계를 이어 갔다.
 프랑스에 유학 중인 외동딸 뒷바라지에 다른 것을 바라볼 겨를이 없었다. 일 년에 한 번 터미널에서 '촌놈 상경이요' 전화기 너머 목소리 한번 들려주고, 가난한 화가의 해거리 전시회에 정성을 쏟았다. 덕분에 그림에 문외한이지만 눈 호강을 했다.

　귀한 난이라며 화분을 안고 와 건네주고는 바쁘다며 휑하니 달아나고. 손수 농사짓지 않아도 먹고 남는다며 양파 한 자루. 택배비가 더 드는 배추, 무를 보내왔다. 제주도에서 농장을 하는 친구가 보내준 한라봉이며 멸치를 나눠 먹자 부쳐왔다. 택배 상자를 열며 옆지기는 어떤 놈이냐며 자못 심각한 표정을 지었다. 이십여 년 동안 해장국 두 번 커피 몇 잔 같이 한 게 전부다. 잊을 만하면 고즈넉한 시골 풍경을 사진에 담아 살아있음을 전했다.

　늦은 나의 글쓰기에 자기 일처럼 기뻐해 주었다. 몇 해 전 딸을 보러 가는 길에 오십 년 묵은 숙제 반고흐의 흔적을 더듬어 볼 수 있어 행복했노라.

　고흐의 동상 앞에 서서 소년처럼 환하게 웃는 사진을 보내왔다. 고운 할머니로 늙어야 한다며 자연 건강 비법도 세세히 알려왔다. 하루하루 무사함이 축복이라며 당연한 것에 감사하고, 수굿이 물러나 주변을 돌아볼 나이니 자신을 사랑하며 건강하자며 중력 앞에 곱게 익은 열매처럼 은은하고 푸근하게 나이 들자더니.

　한 치 앞을 알 수 없는 세상이다. 2차 백신을 맞고 경험해 본

적 없는 고열과 전신통으로 비몽사몽 중에 날아든 낯선 이름의 검은 초대장.

문학을 기웃거릴 때 고은 시인이 지어주었다는 은재로 살았기에 본래의 이름도 알지 못했다. 자칭 나무꾼 은재, 지난봄 톡으로 안부를 물은 게 마지막이다. 어디가 아팠을까 아님 무슨 사고라도 당한 걸까. 알 수도 없고 물어볼 사람도 없다. 프랑스 얼음산에 잠들면 좋겠다던 현실감 둔한 만년 청년이란 것 말고 아는 게 없으니.

며칠 후 정신이 들어 연유라도 들어볼까 전화를 걸었다.
'지금 거신 번호는 결번입니다.' 다시 볼 수 없는 천 길의 간극을 확인했다.
고흐의 동상 앞에 백발의 어떤 놈이 소년처럼 웃고 있다.

화장을 지우고

 여자의 얼굴은 거대 자본의 치열한 각축장이다.
최초의 화장은 여신을 흉내 내면서부터 시작되었다.
여자를 여자로 완성 시킨다는 악마의 속삭임으로 여자들의 소우주엔 만국기가 펄럭인다. 때맞춰 진화하는 여자를 상술이 만든 거울 속 동화가 애타게 부른다. '거울아, 거울아'

 화장이 필수 치레가 된 지 오래다. 교복과 화장의 부조화는 꽃잎에 덧칠한 낙서처럼 안타까운 나의 뒤처진 인식 때문일지 모른다.
 그때는 대학생이 되어도 교복이 청바지로 바뀐 것 말고는 별반 다르지 않았다. 첫 화장이 신부 화장이었다고 하니 정말이냐

되묻는다. 난생처음 해본 풀 메이크업, 인조 눈썹까지 달고 거울에 비친 내가 낯설어 한참을 바라보았다. 애써 꾸미지 않아도 푸름으로 눈부시던 때, 육신의 아름다움보다 정신의 우위를 믿고 싶었던 젊은 날, 빛나는 젊음이 얼마나 소중한지 알지 못했다.

컬러 TV의 진화하는 기술로 배우들은 날로 화사해진다. 화장품 회사의 상술이 맞물려 여자들을 옥죄이기도 하지만 before &after의 차이를 외면할 용기도 없다. 잘 보이고 싶은 게 사랑이라고 난해한 욕망을 합리화하는 자신을 감춰야 했다.

민얼굴로 나설 수 없는 세상이 되었다. 화장하지 않으면 출근도 외출도 할 수가 없다. 바쁜 아침 시간 5분이면 후딱 해치우는 요령 아닌 기술이 늘었다.

똑같은 민낯이지만 화장을 하지 않는 남자의 민낯은 당당하다. 연예인들도 민낯과 화장 후의 전혀 다른 색조의 위력에 저항은 힘을 잃었다.

겉만 멀쩡한 줌마니들이 전철에서 수다를 떨고 있다. 서로를 쳐다보며 하나도 안 변했다고, 어쩌면 맨날 그대로냐고, 살갑고 다정하게, 실상은 나를 위로하는 중이다.

돋보기 없이는 지하철 노선도 못 보고, 방금 들은 이야기는 오분도 채 되지 않아 까먹는다. 아무도 봐주지 않고 누구도 위로해 주지 않는 삶의 변곡점을 넘겨버린 여자들이 괜찮아 아직은 봐줄 만하다며 곰비임비 최면을 건다. 늙는 게 아니라 익어 간다는 노랫말은 우울감에 꺾인 자존감을 세워주는 근사한 방어기제다. 아찔한 첫사랑의 추억 따위는 까마득히 잊어버렸다.

시든 몸 위에 덧입혀진 색조는 스며들지 못하고 노을빛으로 번들거린다. 대상과 조율하지 못하는 오브제는 물성(物性) 자체의 빛으로 불화한다. 서로 질세라 붉은 잎 사이로 발산하는 침묵이 전철 안에 낯설게 흥성거린다. 이 여자들 괜찮아, 아니 멋지다고, 상엽홍어이월화(霜葉紅於二月花) 서리맞은 가을 잎은 이월 꽃보다 붉다 하지 않던가.

코로나에 붙들려 언제 풀려날지 기약 없는 감옥살이, 마스크에 포위된 얼굴은 화장이 필요 없어졌다. 너무 편하다 못해 자유롭다. 시간을 온몸으로 막으려는 예쁜 여자라는 신화에서 색이 주는 착시는 힘을 잃었지만, 체면치레가 필요한 자리여서 최소한의 분단장을 했다. 습관처럼 하던 화장인데 오랜만의 인공 향에 놀랐는지 입술 언저리가 벌겋게 부풀어 올랐다. 하룻밤 지나자 괜찮아졌는데 똑같은 현상이 되풀이된다.

나이를 핑계로 얼렁뚱땅 대충 넘어가는 게 많아졌다. 핫한 연예인이 나오는 예능프로도 마법 같은 휴대폰의 온갖 기능도 시큰둥하다. 잉크 냄새나는 활자를 보지 않으면 세상이 돌아가지 않는 줄 알았던 신문도 보지 않는다. 달라질 것도 없고 조금 나아 보인다 한들 샤넬이 시간을 막아 줄 수는 없는 노릇이다.

하지만 거울 속 백발 여인은 아직 낯설다. 흑도 백도 아닌 애매한 갈변 효과를 내는 샴푸로 회색지대를 헤매고 있다. 아직 욕심이 남은 것은 책을 읽는 것. 그러나 한 줄 한 문장, 마음 깊이 각인되던 때와 달리 스미지 못한 활자들이 돋보기 너머 자꾸 미끄러진다.

늦은 오후 공원을 걷는다. 같은 바람을 맞느라 물이 들었는지 비슷해 보이는 노인들. 구부정한 어깨와 부스스한 머리, 벌어진 다리에 굼뜬 걸음으로 바장이는 모습을 보면 나도 모르게 돌아본다. 생물학적 활성도가 떨어져 시간의 껍데기로 남은 늙음이 나를 쓸쓸하게 한다.

흐릿해진 활자 뒤로 보이지 않던 것들이 나를 반긴다. 자연, 꽃과 나무, 바람의 속살거림, 거슬리던 이웃집 반려견 짖는 소리도 가슴에 들어와 나이 듦이 나쁘지만은 않다.

내닫는 속도에 편승하지 않고 날리는 낙엽처럼 바람을 의지해

보려 속을 비우는 중이다.

  화장을 지운 자리에 꽃 한 송이 올려본다. 누구에게나 공평한 시간이 씌워준 탈 마스크, 무지개 내려놓은 자리에 달그림자 하나 그려본다.

말(言) 무지개

 인간이 만물의 영장인 것은 언어가 있어서 아닐까. 가장 확실한 소통의 수단, 동물들도 나름의 소통을 보여주고 있지만. 사유하는 사람과 약육강식의 터전에서 종족 보존이 전부인 그들과는 다르다. 우주를 관통하는 사람의 말은 세상을 지배하기에 충분한 힘을 지녔다. 창조주께서도 세상을 말씀으로 만들었다지 않는가.

 사랑에 빠진 청춘에게 말은 끝없이 분화되는 옥시토신이다. 가장 확실한 감정의 교류, 어제도 오늘도 말은 새싹이 돋는다. 마주하는 동안은 서로에게 취하여 말의 열기를 가늠하지 못한다. 몇 시간씩 마주 앉아 쏟아낸 말은 지구를 돌고도 남으련만.

 전파를 타고 뜨겁게 엉긴 말은 밤을 새워도 성에 차지 않아 여전히 허허롭다. 사랑의 묘약, 듣기도 낯간지러운 말이 꼬리를 무는 계단 위에서 화살처럼 쏘아 올린 말들을 묶어두려 결혼이란 열차에 기꺼이 오른다.

  단칸방에 고섶으로 살면서 말은 심드렁해졌다. 쟁반을 구르던 옥구슬은 사라지고 밍밍해진 일상어는 둔탁한 모노톤으로 변했다. 달콤하고 쫀득하던 말은 찰기를 잃고 푸석해졌다.
  과학이 설명한 사랑이라는 900일간의 폭풍이 지나갔다. 눈에 씌운 콩깍지를 벗자 별것 아닌 일로 자그락자그락 부딪치는 날이 늘었다. 먼저 손 내밀어 머리 숙일 수 없다는 알량한 자존심에다 초장 기선 제압에서 밀리면 끝장이라는 주변의 부추김까지, 부뚜막에서 헛방으로 날린 말 주먹이 천장을 냉기로 덮어 숨이 막혔다. 목구멍까지 올라온 sorry를 뱉지 못해 사랑도 신뢰도 제자리를 도는 맹문이었다. 곰보다 여우가 낫다는 어른들의 말을 깨닫는 데는 시간이 필요했다.

  아이가 태어나며 말은 다시 해사해졌다. 새로 시작한 첫사랑처럼 세상에 하나뿐인 신상은 흡인력도 강렬했다. 연분홍 입술에 꽃 순처럼 열린 말은 첫물 포도처럼 달고 상큼했다. 옹알이 한마디가 유혹 많은 바깥세상 기웃대는 사내를 해 걸음에 집으로 불렀다.

 시금치도 싫다는 시가붙이도 울타리 안의 꽃나무로 넉넉히 품었다. 조촐한 밥상머리에서 발음도 불 문명한 말 한마디에 서로 다른 해석으로 맞장구치느라 마냥 신이 났다. 호기심으로 혼자 한글을 깨치는 아이가 천재가 아닐까 가슴이 설레었다.
빨간 동그라미가 쳐진 시험지를 흔들며 달려오는 아이의 미소에 덩달아 흥이 나던, 돌아보니 회냉면처럼 새콤달콤, 쫄깃쫄깃 찰진 이야기가 샘물처럼 솟아나던 그때가 화양연화였다.

 둘이 만든 바다에서 놀던 고래는 더 넓은 세상의 바다로 갔다. 등짐을 내려놓은 듯 홀가분했으나 무지개처럼 화사하던 말도 고래를 따라가 버렸다. 고래가 떠난 바다는 출렁임도 빛도 사라져 묵언 수행 중인 절간이다. 식당에서 묵묵히 밥만 먹는 이는 부부라던데 먼길 마다하지 않고 찾은 맛집의 산해진미 앞에서도 꺼낼 말이 궁해 밥만 퍼먹는다.

 하릴없는 저녁 시간, 의기양양 쟁취한 리모컨을 이리저리 돌려 보지만 물 들어올 때 노 젓는, 옷만 바꿔입은 똑같은 얼굴들이 화면에 가득하다. 애꿎은 리모컨을 팽개치며 힐끗 돌아보니 졸고 있는 옆지기.

욕망을 좇느라 아물지도 못한 그리움은 오늘도 가슴을 파고든다. 장자의 나비처럼 우리 모두 꿈속에서 꿈을 꾸고 있는 것은 아닌지. 깊이 움츠러든 회칠한 말이 웅얼댄다. 다시 찾아온 둘만의 시간, 묵(墨)이 된 언어에 색을 입힐 시간이다.

 쑥스러워 해본 적 없는 말을 던져보았다. 유치원에 다녀온 아이들이 하는 배꼽 인사, 어이없어하면서 싫지 않은지 표정은 환하다. 딱히 할 말이 없어도 전화를 건다. 아바의 Honey honey, 알라 뷰, 핸드폰에 멋진 누구라 저장해 놓으니 정말 멋져 보이기도 한다. 플라시보 효과, 착시효과 아무려면 어떤가. 외로움으로 파지처럼 구겨진 말에 색을 입혀줄 참이다.

 빨, 주, 노, 초, 파, 남, 보.

2부

夏

여름(夏)

　기상이변으로 장마도 제 맘대로다. 일반적으로 장마는 6월 중순에 시작되어 7월 말까지 지속된다. 비가 내렸다 그쳤다 하는 게 장마인데. 이번 장마는 계속 비가 내리고 한곳에 쏟아부어 큰 피해를 몰고 온다.
　내리는 비를 바라보노라면 강동대던 마음이 내려앉는다. 나뭇가지에 가만가만 내려앉는 봄비, 여름비는 창가를 때린다. 바람이 세차지 않으면 우산을 받쳐 들고 호숫가를 걷는다.
　오종종 매달린 때죽나무꽃들이 바람에 흔들리면 청아한 은종소리가 들리는 듯하다. 푸름이 넘치는 여름은 혼자여도 외롭지 않다. 등허리에 흐르는 땀방울, 내리쬐는 폭염이 외로움을 허락하지 않는다.

초록빛 혀로 재잘대는 나무를 뒤로 젖은 마음이 오리 떼를 불러세운다. 호수에 떨어진 빗방울은 왕관으로 튕겨 올라 유장한 물살에 휩쓸린다. 순간의 적멸을 보고 있자니 이 땅에 발붙여 사는 숨붙이들의 치열함이 가뭇없다.

그래도 여름날 생명은 뜨겁다. 까슬까슬한 낱알이 고슬고슬 밥으로 밥상에 오르려면 파란만장한 변천을 견뎌야 한다. 볍씨가 모판에 모로 자라 들판에 벼가 되어 땡볕과 소낙비와 태풍을 견디고, 참새와 허수아비의 숨바꼭질을 보면서 펄펄 끓는 여름을 지나간다.

7년을 땅속에 있다가 뜨거운 여름날 2주간의 세상살이로 일생을 마감하는 매미, 짧은 시간 짝을 찾느라 목청껏 큰소리로 새로 온 매미들이 여름내 울어 댈 것이다.

물 발자국의 환(還)

'나 어제 손자 동영상 돌리고 사임당 한 장, 사진은 배춧잎, 동영상은 사임당이라네.' 얼마 전까지 아들의 늦장가에 속을 태우던 친구의 행복한 엄살이다.

따로 세운 공로가 없어도 나이 든 여자에게 주어지는 감투, 손자 손녀라면 너나없이 껌뻑 넘어가 주연도 조연도 아닌 배역을 자랑하기 바쁘다.

유모차의 아기가 눈 맞추며 방긋 웃는다. 드문드문 보는 얼굴을 알아보는 것도 아니련만 추임새를 더하자 한껏 신이 난 옹알이, 그 마법 같은 웃음에 빠져든다. 수 만 년 시간의 한 모퉁이에서 스쳤거나 아득한 전생에서 우리는 한 덩이였을지도 모른다.

생주이멸(生住異滅) 광활한 우주 계에 초미세 분자로 떠돌다

한순간 만물의 영장으로 선택된 강물에, 세대의 징검다리 건너 호리낭창한 이가네 몸매나 박가네 붕어빵 빼박이는 어떤 절대자의 섭리가 아니고는 설명 불가다.

뭉치면 살고 흩어지면 죽는다는 선각자의 구호가 아니어도 생명이란 기(氣)와 물(物)의 합체다. 분자 구름이 중력으로 붕괴되어 새로운 별이 탄생한다. 수명을 다한 별이 흩어지면 많은 양의 성간물질을 이룬다. 별과 성간물질의 순환, 어떤 물리적 계(system) 안에서는 보존법칙의 성립으로 에너지, 질량의 총합도 보존된다.

사위어 시든 몸에 수직 계열 하청으로 질량의 생기와 활력으로 보상받는 물꽃이 손자, 손녀라는 보석이다.

햇살을 등에 받으며 둑길을 걷는다. 푸름이 사원 늦가을 호숫가는 퇴기의 안방처럼 누렇게 떠 있다. 솜털에 감춘 씨앗을 바람에 날리는 민들레는 부활을 꿈꾸는 중이다. 한 줌 마른 줄기로 버티고 있는 갈대를 바람이 야멸차게 흔들고 달아난다.

불가분의 관계인 생명체와 수분, 우리의 삶 또한 물 발자국 아닌가. 건어물처럼 물이 마른 피부는 땅기고 쳐지며 감성도 말라 버석버석한다. 푸석해진 머리카락은 힘을 못써 머릿속은 성글어지고 관절은 먹다 남은 식빵처럼 딱딱하게 굳는다.

  손가락이 삐걱거려 병원에 가니 방아쇠 수지라는 이름도 근사한 진단이다. 소멸은 지구별의 생명 가진 것의 피할 수 없는 운명이다. 사람도 나이 들면 방전으로 중성이 되어버린다. 열정이 사라지니 성정(性情)도 사라져 떨림도 끌림도 없다. 사윈 불꽃은 재가 되어 먼지로 쌓인다.

  의학적으로 인간의 생물학적 수명은 120을 한계로 본다. 이성을 향한 끌림은 여자가 49세, 남자는 64세가 마지노선이라나. 씨앗이 생성되려면 15년이 걸린다니 남녀 간 불공평을 투정할 수도 없지 않은가. 정혈(精血)의 달거리도 끝난 묵밭소리쟁이, 인간뿐 아니라 숨 탄 것 중 씨맺은 것들은 모두가 끝이다.

  여자는 몸이 먼저 말한다 "갱년기가 되니 만사가 귀찮아 꽃을 보아도 첫눈이 날려도 설렘이 없어" 심드렁하니 내뱉는 후배의 혼잣말이다.

  꽃피워 씨 맺고, 새끼 낳고 늙어지면 불문곡직 자리를 비켜 주어야 하는 자연의 섭리는 예외가 없다. 누구도 피할 수 없는 냉엄한 지구별의 불문율이다. 자분치 너머 정수리를 덮은 허연 화관, 중력에 밀려 내려앉은 볼때기, 깜빡깜빡 혼자만의 속삭임은 얼추 네 할 일이 끝났다는 친절한 알림장이다.

여름내 길섶을 화사하게 물들인 민들레가 솜사탕을 물고 속살 댄다. 물 마른 홀씨마다 하트를 품고 길을 나선다. 도심에 넘쳐 나는 다솜이들, 호숫가 풀숲에 남몰래 피어나 우리 가슴에 화살 로 박히는 고리의 환(煥)이다. 한철의 작은 생들이 펼치는 깨알 같은 연시(戀詩)로 천변은 화사해진다.

누런 풀들이 수런댄다. 머리통이 굵어진 방아깨비가 왁자지껄 수다 판을 새침하니 외면한다. 속내를 감추려면 제 걸음을 삭이 는 혼자여야 하는 것쯤은 진즉에 터득했으니 말이다. 혼자인 뚜 벅이를 향한 살가운 손짓이 누구를 향한 것인지 아둔해 놓치고 만다. 마른 몸을 사운대는 억새들의 하소연이 귀에 들어온 것은 호숫가를 거닐면서였다.

벌거벗은 몸으로 눈발을 받아내며 꿋꿋이 서 있는 갈대, 무슨 미련이 남아 있는 걸까. 새순을 품은 여린 뿌리가 얼거나 상하지 않도록 어깨를 겯고 결사 항전 중이다. 막무가내로 팔을 뻗치는 침입자를 막아내느라 얼음판에서 거친 숨을 토해낸다.

죽었으나 죽을 수 없는 갈대는 호기심 가득한 새싹들이 키재 기 놀음에 빠져드는 목비를 맞고서야 풀썩 허리를 꺾는다. 썩은 제 몸을 자양으로 후사를 키워내는 갈대의 한 생을 보고서야 무딘 눈에 생명의 비의가 보인다. 새 숨관을 열어 새로운 한 생을 한들한들 붙박이의 한계를 넘어 순환하는 그들만의 비책이다.

하찮은 풀 한 포기도 창조주의 섭리로 살아내는 것을 보노라면 귀하지 않은 게 없다.

아파트 창문마다 불이 켜진다. 개밥바라기가 하나둘 고개를 내민다. 자동차들이 도로 위를 가득 메운다. 보금자리마다 아기의 말간 웃음이, 어미의 따스한 사랑이, 고만고만 선한 눈망울이 일렁인다. 하루를 견딘 손끝에 저마다의 암호를 꾸욱 누른다.

응집되는 따스함이 해거름 노을처럼 내 걸음을 환하게 비출 것이다. 환하게 피어난 꽃을 보느라 내 걸음도 가뿐할 것이다.

서른일곱 번

"할 수 있는 게 없습니다."

의사는 담담한 감정을 배제한 낮은 목소리로 우리를 바라본다.

익숙하던 얼굴이 사뭇 낯설다. 누가 던졌는지 모르는 돌멩이에 뚫린 허공엔 찢긴 너울이 치렁거린다.

세상은 모든 게 맞물려 돌아가는 톱니바퀴처럼 연관되어 있다.

관계의 고리로 얽히고 물려 더 큰 연관의 성을 쌓는다.

산소마스크 안으로 이슬 같은 숨이 흐른다. 한없이 낯선 이방인.

   호스에 포박된 몸뚱이는 아직도 불덩이다.

천 길 낭떠러지로 곤두박질치는 무력감도 잡을 기력이 없다.

꿈이 아닐까.

의식 저편과 이편, 생과 사의 경계는 어디쯤인가. 머릿속이 텅 빈 듯 아무것도 생각나지 않는다. 숨 쉬고 살아있어 도모하던 모든 행위가 무의미해졌다.

'화장을 해드렸습니다.'
꽃수가 놓인 새 옷으로 단장한 동생이 정물이 되어 우리를 맞는다. 뽀얗게 분 마르고 붉은 입술은 뭔가 할 말이 많아 보였다. 기적을 넘어 '어떻게 살까?' 잠시 생기로 피어나던 얼굴, 붉게 칠한 입술에 희부연 고별사만 둘러선 우리의 가슴을 때린다.
오래전 그날, 마지막인 엄마 얼굴에 손을 얹었다가 기겁해서 손을 떼던 지독한 냉기가 떠올랐다. 온기로 남고 싶어 버선으로 감싼 발만 부여잡았다.

"헛되고 헛되며 헛되고 헛되니 모든 것이 헛되도다. 해 아래에서 수고하는 모든 수고가 사람에게 무엇이 유익한가. 모두 다 헛되어 바람을 잡으려는 것이로다."
"잘 가거라 우리 곧 만날 테니."
황금알을 낳는 거위로 사느라 무성한 깃털에 가려진 다리는 비틀리고 야위었다. 뒤뚱거리며 먼 곳으로 도망치는 것. 그러나 그것도 잠시 우주를 넘어 접속만으로 일 거수 일 투 족을 감시하는 세상은 부처님 손바닥이었다.

  하루하루 제 몸을 태웠다.

삶이란 대과(大過) 없이 완수해야 하는 의무 같은 거 묻고 또 물어봐도 알 수가 없는 인생에서, 신은 우리가 타고 달리는 쌍두마차.

  전도서에 서른일곱 번이나 반복한 헛되고 헛된 바람을 잡으려는 것이 인생의 전부는 아닐 것이다. 주인 없는 바람을 커다란 팔로 잡아채려 돌고 있는 바람개비들, 해 아래 모든 수고가 바람 잡는 헛된 것이 아님을 보여준다.

  병든 지구에 고갈되어 가는 화석연료를 대체해 줄 청정 에너지원, 바람은 이제 헛것만은 아니다.

우주 먼 곳 별나라에서 길잃은 바람 공주를 훤칠하고 미끈한 바람 제비가 포획한다. 큰 키에 혼자 서 있는 고독과 위엄으로 긴 팔 위에 돌던 해풍이 몸을 웅크린다.

  꽃이 피면 지고 달도 차면 기울듯 만물은 극에 이르면 뒤집힌다. 물극즉반(物極則反), 음이 쇠(衰)하면 양이 승(昇)하는 기막힌 반전, 살아있음이다.

서른일곱 번이 아니라 일흔일곱 번의 허망이어도 삶은 앞으로 나아 가는 것 아닌가.

이제는 눈물 없이 사진 속 동생을 본다.

파도처럼 날마다 뒤채며 서두르지 않는다.

따가운 햇살과 세찬 비바람에도 조바심 내지 않으며 만나면 들려줄 이야기로 헐렁한 가슴을 토닥이며 오늘도 한 걸음 내디딘다.

갓밝이

아침은 소리 없이 온다. 밤새 부푼 공기가 어둠의 등을 밀친다. 밤이 준 온기로 생기를 얻은 육신이 하루를 밀고 나아갈 시간이다. 솟구치는 빗살무늬에 가는 시간 오는 시간이 모호한 경계를 긋는다.

도심은 허공을 향한 발길질이 난무하고 움켜 진 손마다 비애가 가득하다. 슬픔을 다독이는 소리가 절정에 달하면 도시는 삶의 무게와 현란한 빛으로 휘청거린다. 말간 햇살이 엎여있는 것들의 호흡을 끌어안는다. 용을 쓰고 어둠을 밀쳐낸 빛 자리마다 저릿한 살 냄새가 진동한다.

투명하고 거침없는 아침, 밤이 마지막 걸음을 놓으면 어둠은 힘을 잃어 아침의 등 뒤로 몸을 숨긴다. 속내를 감춘 희망과 날

선 절망이 해무처럼 번지면 시나브로 아침은 와 있다.

어둠은 요정들의 세상이다. 슬픔과 기쁨이, 사랑과 이별이 공존하고 빛으로 스러진 것들이 어둠 속에 서성인다. 전깃줄에 걸린 약속은 건물 모퉁이에 풀어지고 거친 숨소리 사이로 개 짖는 소리가 적막을 가른다.

새벽은 도시의 빌딩 숲에 슈퍼맨처럼 날아올라 무지개를 띄운다. 치솟는 하늘 바라기 첨탑 사이로 구부러진 발꿈치가 평평한 대지에 수직으로 박힌다. 선 자와 앉은 자, 날아오른 자와 뒤처진 자에겐 여명도 차이가 난다. 게으른 허기와 외로운 눈빛은 간절함으로 산등성이에 닿아 있다. 밤새 내린 이슬은 세상의 모든 상처를 품는다.

새벽은 천 개의 가면을 쓰고 온다. 떠밀린 어둠이 깨어있느라 분투 중이다. 새벽이 비껴간 경비실엔 희미한 전등이 졸고 있다. 어둠이 웅크린 창가엔 아직 전날의 피로가 쌓여 있다. 불 켜진 방마다 아이를 깨우는 엄마의 목소리가 부산하다.

하늘을 향해 각을 세운 빌딩들이 동트면 모서리를 버린다. 모서리로 만난 각은 빛을 받아 순한 면으로 순응한다. 밤이면 넘어지지 않으려 명상에 들고 남몰래 발차기를 수련 중인지 모를 일이다.

 지붕이 빛으로 키재기 놀음에 빠져들면 밤을 지새운 길냥이도 허리를 쭉 펴고 하늘을 향해 나지막이 웅얼거린다.
두려움으로 맞는 새벽, 어둠 속 땀과 눈물이 소금꽃으로 피어나면 잠들지 못하는 날이 많았다. 젊은이들과 최루가스의 공방에 도심은 가로수도 꽃도 매운 향기를 뿜어냈다. 최루탄보다 매캐한 애옥살이와 밀당하느라 해도 달도 빛을 잃었다. 이정표도 없는 삶의 바다는 제멋대로 와류(渦流)하고 출렁댄다. 다가가면 횡포가 심하고 외면할수록 난감하고 난해한 독해 불가 경전이다.

 초가지붕을 비추던 만월, 오늘도 깊은 생각에 잠겨있다. 장독대에 냉수 한 사발로 하늘을 향한 간절한 비손, 할머니, 엄마의 흰 저고리 섶 위로 푸른 빛이 번졌다. 달빛 아래 두 손을 모은 간절함은 범접할 수 없는 신성함이었다.

 일러주는 이 없어도 간절함은 세월과 함께 나를 찾아왔다. 허공을 향한 비손 말고 따뜻하고 신실한 푸른 기운이 절박했다. 이끼 낀 자리는 달나라 토끼의 방아타령이라도 불러 체화된 불안에서 벗어나야 했다.

 달이 홀로 고요하다. 벌레들의 울음소리가 들리고 별이 지는 소리가 들렸다. 막연한 동경, 엷고 푸른 여명에 무뎌진 감각이 깨어난다. 이제 자신을 도닥여 시간 속에 헝클어진 기억을 펼친다. 한곳을 향한 자연의 단순함이 보인다.

아주 오래전부터 그래왔던 것처럼 그윽한 고요는 아름답다.

깊은 곳에서 솟아난 샘물은 자연스레 흘러 퍼진다. 내 안의 샘물이 마르지 않도록 다독여야 산다. 니코스 카잔차키스의 말처럼 '현실은 바꿀 수 없다. 현실을 보는 눈을 바꿔야 한다.'

물오른 나뭇가지처럼 몸과 마음이 투명해진다.

시르죽어 있던 의식을 깨우니 한낮의 번잡함도 잊는다. 동맥처럼 이어진 도로에서 겨울을 준비하는 가로수가 몸 털기에 분주하다. 나무가 불러온 바람 사이로 공기는 한결 싱그럽다.

시간의 귀퉁이에 스민 풍경들이 손짓한다. 둥글어진 모서리에 갈잎 스치는 소리가 묵은 세포를 깨운다.

산 넘어온 바람이 안부를 묻는다. 색을 버린 그믐달이 건너편 아파트의 숨은 각을 비춘다. 하루의 강을 무사히 건너온 집시들에게 주는 위로와 성찬의 시간이다. 정화수 대신 엉클어진 실타래 허공에 걸어 달빛의 조언을 듣는다.

밤새 홀로 걸어온 갓밝이 마지막 휘장을 걷는다.

별거 아니다

주인장 손맛 따라 다른 맛을 내던 골목 빵집이 사라졌다. 높아진 입맛을 따라가지 못하니 하나둘 사라져 어디를 가나 같은 간판, 똑같은 빵으로 입맛마저 획일화되어 간다.

그래도 가까운 곳에서 맛난 빵을 만날 수 있음은 감사한 일이다. 갓 구운 고소함에 끌려 이른 시간 빵집을 찾는다. 하얀 모자를 쓴 제빵사들의 부지런한 손놀림, 한 김 식힌 빵들이 저마다의 향내를 풍기며 트롤리에 앉아 있다.

커피에 갓 나온 빵 하나를 들고 공원 정자에 오른다. 천천히 빵을 뜯고 커피를 마신다. 느긋하니 자발적 고독을 음미하려는데 매미란 놈이 훼방을 놓는다. 풀숲에 퍼지는 커피 향을 아는지 참새 한 마리가 날아와 앉는다.

숨죽이고 있는 나는 관심도 없다는 듯 참새는 쉬지 않고 부지런히 쪼아댄다. 쪼아대는 게 진짜 먹잇감인지 궁금해져 살펴보아도 알 수가 없다. 빵을 떼어 던지자 냉큼 물고 멀찌감치 앉아 먹고는 더 내놓으라 졸라댄다. 줄기차게 울어대는 매미, 멈추는가 싶다가도 한 놈이 시작하면 이내 떼창이다. 다람쥐 한 마리가 지나간다.

무심히 보고 있자니 공원을 걷는 이들의 걸음이 각양각색이다.
고개가 한쪽으로 삐딱하니 기운 남자, 팔을 크게 휘둘러 파워킹을 하는 여자, 마라톤선수의 복장을 한 젊은이는 뛰다 걷다 한다. 두 손을 꼭 잡고 아내의 걸음을 맞추는 노부부, 굽은 등에 내려앉은 사랑이 느릿느릿 뒤를 따른다. 황혼 육아에 붙들린 중년 부부가 유모차를 밀고 올라온다. 남자의 유모차 밀기는 초보 운전 인양 어설퍼 보인다.
아내의 코치로 손길을 다잡으며 젊은 날 떠밀려 사느라 이쁜 줄도 모르고 훌쩍 커 버린 자식을 떠올린다. 경험하지 못한 또 다른 사랑이 넘쳐난다.
산책에 영 어울리지 않는 아찔한 미니스커트에 킬힐을 신은 앳된 아가씨도 보인다. 펑크 난 약속 자리 때우러 온 게 아닐까 심술궂은 호기심이 발동한다.

느릿한 걸음은 운동 효과도 없다는데 몸매도 푸근한 중년 여인은 걷는지 마는지 통화에 열중한다.

트럼벳 소리가 호수를 건너온다. 건너편 잔디에 백발의 한 남자가 악보를 펼치고 악기를 연주하고 있다. 호기심에 걸음을 멈춘 청중에 남자는 머쓱하나 기가 산다. 호수를 둘러친 밧줄에 기대어 들었다.

귀에 익은 트로트가 끝나자 이번에는 '베사메 무초', 비틀스의 '레잇 비' 삐익, 빼액, 날것으로 튕겨 난 삑사리가 오히려 더 정겹다. 뜻하지 않은 귀 호강에 박수로 응원했다.

왜가리 두 마리가 물가에 서 있다. 가늘고 긴 나선형의 목덜미에 군더더기 없는 몸매, 반가워 핸폰을 꺼내 드니 멀리 달아난다. 산책길에 종종 만나지만 좀체 곁을 주지 않는다.

그냥 바라보면 될 것을 알면서 괜한 욕심이다. 어미로 짐작되는 여자가 미는 휠체어에 앉은 젊은 남자의 얼굴이 종이를 펴 바른 듯 창백하다. 표정 없는 여자의 얼굴과 길섶에 들꽃, 파란 하늘이 물속에 거꾸로 박혀 흔들린다.

지금까지 무탈함이 얼마나 큰 축복이었던가를 톺아 본다. 여기까지 무사한 것은 별거 아닌 날들이 이어져 왔기에 가능한 일이다.

지구상에 날마다 벌어지는 숱한 사건들은 먼 남의 일이고 통째로 뒤집히는 궤도 이탈도 없었으니 대통은 아니어도 운수란 놈이 아주 사납지 않아서 지금의 내가 있음이다. 우리가 살면서 경험하는 행복한 경험은 시간이 지나면 사그라든다. 긴 인생길에서 행복은 강도가 아니라 빈도에 있다. 벼락같은 운수 대통 한 번으로 인생이 행복할 순 없을 것이다.

음악을 들으며 마시는 커피 한잔, 매미들의 요란한 울음소리, 분주한 개미들의 행진을 들여다본다. 만져지지 않는 마음에 손나팔을 포개어 숲을 향해 외쳐본다.

행복, 그거 별거 아니야 바로 지금.

두 여자

부산한 아침 시간이다.

'밥 먹자' 어떻게든 아침밥을 먹이려는 어머니와 샌드위치와 우유를 식탁에 차린 아내는 '식사하세요' 사람은 밥을 먹어야지 하면, '영양가는 이게 더 나아요.' 가방끈이 긴 아내의 당당함에 배움이 짧은 어머니는 기가 죽는다.

저녁 시간에도 두 여자의 신경전이 이어진다. 어머니는 당신 아들 앞에 맛있는 반찬을 갖다 놓으려 하고 아내는 아홉 살 난 아들 옆으로 불고기 접시를 밀어놓는다. 각자의 아들을 두고 두 여자의 예민한 신경전이다.

어머니는 손주가 남긴 밥이며 반찬을 아깝다며 먹지만 아내는 남은 음식은 미련 없이 버린다. 설거지할 때 어머니는 수돗물을 틀었다 잠그고 하지만 아내는 식기세척기를 돌린다.
아들과 손자가 주방이며 화장실에 켜놓은 전등을 차례로 끄는 일도 어머니의 일과 중 하나다.

허리도 어깨도 아프다면서도 때맞춰 열무며 총각김치, 김장을 손수 담근 어머니, 아내는 맛있다는 후기가 많이 달린 김치를 검색해 주문한다.

어머니는 장을 보러 재래시장으로 가고 아내는 핸드폰을 검색한다. 파 한 단을 사도 어머니는 흙이 묻어 있는 것을 사고 아내는 말끔하게 다듬어진 것을 산다. 어머니는 생선 대가리며 내장을 따로 담아오고 아내는 비린내 난다며 구워진 것을 주문한다.

손주 옷을 고를 때도 어머닌 소매길이나 품이 넉넉한 것을, 아내는 몸에 꼭 맞는 것을 고른다. 어머니는 내년에도 입힐 것을 생각하지만 아내는 오늘 잘 맞아야 하기 때문이다.

운동화를 살 때도 어머니는 한 치수 큰 것을, 아내는 잘 맞는 것을 고른다. 어머니는 얼마인지 묻고 아내는 브랜드와 최신 유행하는 디자인을 본다. 어머니는 아들의 와이셔츠는 손으로 비벼 빨고 아내는 세탁소에 보낸다.

어머니는 수건을 비누칠해 삶고 아내는 누래진 수건은 새것으로 바꾼다.

어머니는 손주에게 친구들과 싸우지 말고 사이좋게 지내야 한다. 싸우더라도 네가 한 대 더 맞고 지는 게 이기는 거라 일러준다. 아내는 바보같이 맞지만 말고 같이 때려주라 가르친다. 그런데 어느 날 손주가 학교에서 같은 반 친구를 때렸다고 선생님에게 연락이 왔다. 정작 어머니는 은근히 좋아하시고 아내는 아들을 가만두나 보라며 으름장을 놓는다. 어머니는 아이들은 뛰어놀면서 커야 한다고 하지만 아내는 놀면 뒤처진다며 아이를 다그친다.

어머니는 신혼 때 입었던 예복을 장롱 깊숙이 보관 중인데 아내는 몇 해 전에 산 옷은 아예 쳐다보지도 않는다.
아들이 외출복 하나 사드린다고 해도 옷 많다고 있는 옷도 다 못 입는다며 손사래를 친다. 아내는 옷이 가득 찬 옷장 문을 열었다 닫았다 당장 입을 것이 없다고 투정이다.
어머니는 두면 쓸모가 있다며 무엇이든 모아두려고 하지만 아내는 쓰지 않는 것은 버려야 한다고 한다.

어머니는 구절초와 쑥부쟁이를 구별할 줄 알고, 아내는 가을 들판에 피는 꽃은 모두 들국화라 부른다. 어머니는 둘레 길섶에 피는 야생화를 많이 알고 아내는 꽃집에서 파는 화려한 개량종을 많이 안다.

어머니는 떡이나 김치전을 좋아하고 아내는 갓구워 낸 수제 케이크를 좋아한다. 어머니는 일회용 봉지 커피를 좋아하고 아내는 유명브랜드 원두커피를 애용한다.

휴일에 어머니는 아들이 좋아하는 음식을 만들지만, 아내는 아들이 좋아하는 맛집을 찾아 나선다. 어머니는 마당 있는 이층집에서 꽃을 키우며 살고 싶어 하고 아내는 통창 너머 뷰가 좋은 아파트에 살고 싶어 한다.

중년에 든 아들을 어머니는 '금쪽같은 내 새끼'라 하는데 그 어머니의 금쪽같은 아들에게 아내는 '으이구 저 웬수'라 하기도 한다. 어머니는 아버지에게 잔소리를 많이 하면서 아들을 향한 며느리의 잔소리는 듣기 싫어한다.

고추 달고 와준 아들을 향한 영원한 짝사랑, 절대 놓을 수 없는 두 여자는 어미다.

짝꿍

 오른팔이 부러지던 날,
계단을 헛짚어 몇 계단을 건너 바닥에 곤두박질쳤다.
딸이 교통사고를 내 병원에 입원했다는 연락을 받고 마음이 급했었나 보다. 아찔하니 정신이 까무룩 했다. 지나가던 이웃이 괜찮으냐 부축해줘 일어났다. 시동을 걸고 기다리던 남편이 달려왔다. 집으로 들어가 얼굴을 보니 벌겋게 일그러졌다.
 오른팔이 아무래도 이상했다. 응급실을 가자며 남편이 앞장섰다. 응급실은 그야말로 북새통이었다. 순간접착제를 만지다가 눈을 비벼 눈이 붙어 버린 아기, 화장대에서 뛰어내리다 팔이 부러진 아이, 숨이 안 쉬어진다는 어르신, 예정일은 아직 먼데 진통이 온 산모. 화장실에서 넘어져 옴짝 못하는 할머니.

팔이 부러진 정도는 응급 상황이 아니다.

의사를 만난 것은 자정이 넘어서였다. 엑스레이를 찍고 깁스를 하고 집에 오니 동이 트고 있었다.

굼뜨고 재바르지 못 한데다 오른팔을 붙들어 매니 왼손만으로 할 수 있는 게 거의 없었다. 짝을 이루어 상부상조하던 게다가 주도적 역할을 하던 오른손이 묶이니 한 손으로는 설거지는커녕 옷을 입고 단추를 채우는 일, 칼질은 언감생심 사과도 깎을 수 없다. 왼손으로는 젓가락질이 안 돼 아기처럼 포크를 써야 했다. 난감한 일이 한둘이 아니다. 그때마다 옆지기를 불러댔다. 혼자서는 영 힘을 못 쓰는 보조 전문 왼팔로는 모든 게 역부족이었다.

전에 살던 이웃에 휠체어를 타는 중증 장애인 남편을 살뜰히 보살피는 여자가 있었다. 남편은 월남 참전용사로 하반신을 쓰지 못했다. 돌 지난 아들을 두고 나라의 부름으로 타국의 전장에 나섰다가 다시는 땅을 딛고 일어서지 못했다.

상이용사가 되어온 아빠의 휠체어에 제가 먼저 올라타고 밀어주겠다고 떼를 쓰기도 했다. 옆지기도 참전용사기에 인지상정으로 마음이 갔다.

겉절이 한 접시, 애호박부침개를 나눠 먹으며 남편 흉으로 수다를 떠는 사이가 되었다. 투덜대면서도 살뜰히 남편의 손발이 되어주었다.

택시 타기 번거롭다며 삼수 만에 운전면허를 따더니 중고차를 사서 환하게 웃던 얼굴이 생각난다. 자기는 천사를 만났는데 아무것도 해줄 수 없고 혼자 애쓰는 아내가 미안하고 고맙다며 남자는 종종 눈시울이 붉어졌다.

그곳을 떠나 이사를 하게 되어 가끔 안부를 주고받으며 세월이 흘렀다. 육사를 나와 장교로 복무 중인 아들이 대견하고 손자가 둘이라며 자랑도 하면서.

지난해 남편을 하늘로 보낸 여자를 만났다. 자신은 복이 많다며 입버릇처럼 애틋한 사랑을 되뇌던 남자를 떠나보낸 여자는 무너질 듯 파리하니 초췌해 보였다. 평생 남자를 돌보느라 정작 자신은 돌본 적 없는 사람이다. '이제 자신을 돌아보며 재미나게 살아요.' 하니, 한참 동안 말이 없다. 힘들었지만 팔자려니 생각하고 나름대로 최선을 다했다 싶은데 그와 함께한 모든 기억이 여자는 여전히 아프고 쓰리단다. 그러면서 막상 가고 나니 회한이 많이 남는다며 대뜸 날 더러 옆지기 잘 챙기란다.

묵묵히 제 몫을 감당하던 짝꿍, 두 손, 두 눈, 두 발, 짝으로 동무가 되어 함께 나아가는 것들의 소중함이 새삼스럽다. 오른팔이 온전하려면 왼팔의 협조가 절대적인 것을 알게 해준 시간이다. 부러진 팔은 후로도 오랫동안 날이 추워지면 시리고 아팠다. 부재로 존재를 깨우쳐준 오른팔을 가만히 감싸 안는다.

몸도 마음도 기댈 짝꿍이 필요한 우리는 사람(人)이다.

평화의 성(城)

 동 평화, 청 평화, 신 평화,
도심을 가로지른 대형 하수구에 헐떡이던 물고기 한 마리 게으른 몸을 뒤척인다. 짐승이 사라진 평화의 성에 죄 없는 수인(囚人)들이 오늘도 평화롭게 몸을 눕힌다. 온전한 희생의 채찍으로 우리를 제압한 당신을 배반할 수는 없는 일이다.
 엎드려 숨 쉬던 모반과 죄책감은 햇살인가 바람인가.
목숨을 잇는다는 것은 숭고하나 잔인한 일이다. 여든 어쩌면 아흔 무렵까지 꼬리가 잘린 채 도돌이표처럼 마주하는 내일을 딴청 부리듯 살아내야 한다. 가뭇없이 사라지는 침묵을 사이에 두고 이승에서 같이 울다가 웃다가 성을 떠나는 이에게 충성의 재배(再拜)를 올린다.

청계천 맑은 물이 흐른다. 버들다리, 상류에 왕버들이 많아 유래된 이름, 전태일 다리로도 불린다. 반백 년 전, 우리는 기계가 아니라며 한 젊음이 불꽃처럼 산화한 곳이다. 폭죽을 몸에 두른 청춘들은 만발한 슬픔의 광기로 평화의 성을 어슬렁거리고 있었다. 청계천 변에 빼곡하게 늘어선 판잣집은 서울에 대한 환상이 무참하게 깨졌다.

최저임금, 근로기준법, 이런 것들이 세상에 있는지도 알지 못하던. 먹거리를 찾아 서울로 떠밀려온 어린 소녀들의 한과 원이 서린 곳이다. 봉숭아 꽃물 든 손톱을 밀어서 아찔한 생산의 속도전에 내몰렸다. 크림빵 하나에 하루를 깨워 통금 사이렌 소리에 밀려 상처 입은 짐승처럼 헐떡이며 언덕을 오른다.

연탄불이 꺼진 방은 냉골이었다.

맑은 물이 졸졸 흐르는 평화의 성

시간은 가고 화려한 배우도 관객도 돌아가 연극이 끝난 무대는 적막에 싸인다. 예정된 연극처럼 세계의 공항은 장터처럼 붐빈다. 평화를 찾아 먼길을 왔다는 얼치기 선남선녀가 버린 차표로 도시는 쓰레기로 넘쳐난다.

남자들의 절규에 찬 울음과 여자들의 뇌쇄적인 웃음, 아무것도 달라지지 않는 세상이다.

그들이 닿는 곳은 아포리아 광장, 뜨겁게 달궈진 지구는 펄펄 끓는다. 어디로 가란 말인가.
떠들썩한 평화 속으로 청계천(淸溪川) 물속이라도 풍덩.

마루에 앉아

대문을 밀고 들어선다.

빈집을 지키느라 구석에 졸던 고양이가 화들짝 놀라 몸을 일으킨다. 세월의 결에 함께 낡은 거울이 '쩌억!' 금이 갈 것 같은 적막이다. 형제들이 내 닫던 뜰엔 고요와 쓸쓸함만이 세월의 흔적을 대신한다.

앞산 마루턱엔 정물화 같은 능선이 걸려있고 조붓한 골목으로 뻐꾸기 울음이 달려온다. 바람도 구름도 잠시 걸음을 멈춘 듯 작은 움직임조차 일지 않는 아무도 없는 공(空)의 자리다.

젊은 아비와 엄마, 까까머리 오라비, 맨발의 동생들, 열 살의 나를 만나는 시간 여행.

마루에 올라 돌아보니 마음가짐이 달라진다. 고된 하루 돌을볕과 함께 열린 문은 사랑채 손님이 돌아간 뒤에야 빗장을 걸어 잠근다. 쉼 없이 드나들며 밀고 당긴 고리는 닳아 반지르르하다. 하루하루 쌓인 빗금을 지우느라 고리는 날마다 분주했을 것이다.

하얀 창호지에 까만 고리, 한겨울 손이 쩍쩍 달라붙던 쇠 문고리가 녹슨 손을 내민다. 반가움보다 지문에 덮인 심연의 그리움이 앞선다. 안과 밖 마음의 깊이를 저울질하던 고리를 잡는다.

형제들의 재기로 들썩이던 안방과 한데 엉켜 뒹굴던 마루 밑엔 검둥이와 검정 고무신이 숨바꼭질 중이다. 봉당의 댓돌은 절제되지 않는 감정을 작은 여유로 다스리던 누름돌이다.

한 번 더 생각의 문을 넓히라는 주문이자 서두르지 말고 숨을 고르던 자리. 가슴을 비집은 바람이 생채기를 낼 때마다 마음을 빗질하던 고리였다.

한겨울 말고는 모든 생활이 마루에서 이루어졌다. 마실 온 바람이 술래잡기라도 하는지 틀어진 문짝이 들썩인다. 한쪽 끝에 뒤주와 작은 궤짝이 놓였었다. 궤짝은 몫으로 받은 곶감이며 대추 같은 주전부리를 욕심껏 숨겨두던 우리들의 비밀창고였다.

고모가 시집을 가게 되었다.

누런 광목을 삶고 말리고 다시 삶아 말리는 마전은 며느리 몫이었다. 며느리들은 마루에서 목화솜을 두어 파리가 미끄러질 만큼 다듬질한 홑청을 씌워 시누이 원앙금침을 만들었다. 달구지에 실어 온 신접 장롱은 휘장을 두른 채 마루에 머물다 고모와 함께 트럭에 실려 갔다. 숯불 다림질이며 밀가루 반죽을 밀어 만든 칼국수도 마루에서 먹었다.

장터를 도는 봇짐장수들에겐 하룻밤 쉬어 갈 수 있는 안식처였다. 성주신에게 손 비비는 할머니의 안당굿, 아기 울음소리, 오라비의 천자문 읽는 소리, 밤이 이슥하도록 '똑딱똑딱' 엄마의 다듬이 소리가 꿈결처럼 아득히 멀어진 곳도 마루였다.

오는 이 가는 이 차별 없이 세상의 모든 소리를 품었다. 새겨 담아야 할 덕담도 방물장수가 물어온 온갖 풍문도 강물처럼 흐르고 목리(木理)에 새겨진 집안의 온갖 희로애락을 담은 비밀을 지켜내느라 굳게 다문 입은 묵언 수행 중이다.

마루엔 객지에 나간 자식들의 안녕을 비는 어미의 은결든 기도가 새겨졌다. 주막골에서 밤을 새우는 남정네를 기다리는 날은 슬픔으로 울렁이는 여인의 가슴과 함께 밤을 밝혔다.

집은 인간과 같이 호흡하며 생로병사의 여정을 함께한다. 사람이 떠난 집은 여름날 음식처럼 금방 삭아져 무너져 내린다. 사람의 온기가 생기를 불어넣는 호흡이 되어 생명을 감싸 안는다.

갈라진 벽 틈새로 한 집안의 흘러간 내력을 아릿한 기억들이 흔들어 깨운다. 시대의 맥으로 펼쳐내는 정든 시간과 만남이다. 다락방에 숨겨둔 일기장을 열어 밑줄 그어진 행간을 펼친다.

걸음을 멈추니 느릿한 비움이 보인다. 볼품없는 내면의 속삭임에 귀를 기울이는 여유는 시간이 알려 주었다. 젊어 쓸모없는 경험은 없다는 선인들의 가르침을 톺아 보았다. 지혜의 부족으로 놓쳐버린 것들 옥죈 마음을 느슨하게 풀어 한 박자 쉬며 주변을 돌아보게 되었다. 두드림으로 깊어 지고 반반해진 생각의 그릇이다. 천둥과 비바람이 살아온 날의 지문만큼 한 뼘씩 품을 키운다. 기품이란 많은 시간 숨을 고르며 마음을 다독인 후라야 속내를 보여 준다.

삶은 엉킨 실타래처럼 언젠가는 풀어야 할 숙제였다. 뜻하지 않은 걸림돌에 더는 나아갈 수 없게 되었을 때, 꼬이고 단단해진 이음매를 떠올렸다. 해야 할 일과 하고 싶은 일 중 가장 필요한 것이 무엇일까를 생각했다.

일상의 통증을 참고 기다릴 무언가가 필요했다. 기다림은 인내를 요구했고 나를 알아가는 특별한 시간이었다. 넘어지면 가만히 있는 게 낫다는 걸 알기에 침묵하기도 했다. 한 박자 쉬면서 호흡을 가다듬는 동안 마음이 평온해져 변방으로 밀려났던 웅크림은 작은 용기로 살아난다.

  마루는 세상으로 나가는 이음의 통로였다. 후회와 아쉬움이 마루를 관통하고 있다. 북어 등짝 같던 엄마의 거친 손바닥과 형제들의 그 날은 그리움으로 남았다. 상대에 대한 이해와 배려보다는 권리와 이익이 우선하는 요즈음이다. 타협과 존중이 사라져 끝없는 흑백 논리만 난무한다.

  마루에 앉아 바람이 빛으로 도는 문을 본다. 이 세상에 온 나를 처음 품어준 둥지, 주인 없는 집엔 잡초들이 슬그머니 들어와 자리싸움 중이다. 여백에 스민 햇살이 각다분한 세상에서 어둠으로 밀려난 이들을 온전히 품을 수 있으면 좋겠다.
  마당 가득 그림자로 스민 발자국들이 웅성거린다. 나도 그 안에서 웅얼댄다.

단골

　단골, 따스함으로 다가오는 우리 삶의 끈이다.
단골의 사전적 정의는 '늘 정하여 놓고 거래를 하는 곳과 거래를 하는 손님'이다. 우리는 살면서 주변에 많은 단골을 만들어 산다. 모든 것을 한곳에서 살 수 있는 대형마트가 들어서기 전엔 동네 구멍가게 쌀집, 연탄 가게, 정육점, 미용실, 과일 집, 야채 가게, 한 점포 한 품목으로 먹고살았다.
　주머니가 가볍던 시절 월급날은 멀었는데 주머니는 비었다. 익숙한 얼굴을 담보로 쌀도 외상이요 계란 한 판도 외상, 아이들 주전부리도 외상, 단골이어서 가능했다. 개별 가게가 사라진 대형마트에서 단골이 누리는 혜택은 카드사용으로 받는 포인트가 대신하게 되었다.

신뢰를 바탕으로 가장 확실한 단골이 형성된 곳이 미용실이 아닐까. 개개인의 취향을 맞춰야 하는 미용실이다. 단골 미용실을 정하기까지 여러 번의 시행착오를 겪게 마련이다.

행정구역을 달리하는 곳으로 이사를 왔으나 미용실은 전에 살던 곳으로 간다. 변신에 자신 없는 소심함에다 몇 번의 실패로 선뜻 바꿀 엄두가 나지 않는다. 따로 교분은 없어도 주인과 함께 늙어가는 친숙한 이들의 왁자한 수다는 기다리는 동안 심심치 않은 재미다.

미용실 원장은 따로 휴일이 없다. 손님은 거의 동네 붙박이다 보니 손님이 뜸하면 잠시 외출 중이라는 팻말을 걸어놓고 볼일을 본다.

애초에 미용사가 아니었다. 부모님의 중매로 결혼하고 첫아이를 낳았다. 수입도 변변찮은 남편이 살림을 책임질 기미가 보이지 않았다. 중매를 선 부모님에게 '신랑이 미덥지 않아 못 살겠다' 하니, '벌이가 신통찮으면 너라도 나서야지 아이는 어쩔거냐.' 부모님의 호통에 두 말도 못 하고 집으로 왔다.

아이 손을 잡고 학원에 다녀 자격증을 취득했다. 보조로 시작한 미용사의 길, 남의 집 살이 몇 년 만에 독립했다. 종일 서서 일하고 나면 발이 퉁퉁 부어도 늘어나는 단골로 힘든 줄 몰랐다.

두 아이 공부시키고 집도 장만했다.

중이 제 머리 못 깎는다는 말은 미용사에겐 맞지 않는 모양이다. 전에 알던 미용실 원장은 머리를 수시로 바꾼다. 긴 생머리를 기분이 울적하다며 쇼트커트, 머리의 색도 다양하게 바뀐다. 거울 보고 자기 머리를 자유자재로 다루는 것이 신기했다.

원장도 자신의 머리는 손수 하지만 한결같은 스타일을 고수한다. 원장이나 단골 모두가 곱던 얼굴에 세월의 무늬가 그려진다. 저렴한 요금에 혼자인 할머니에겐 천 원짜리 한두 장을 더 내어 준다. 등기며 우편물, 온 동네 택배가 날마다 수북하다. 봉지 커피 한잔에 노총각 장가 소식, 그 쪼맨한 몸에 새끼를 네 마리나 낳은 뒷집 강아지 얘기까지 온갖 소문이 왁자지껄 난무하는 동네 사랑방이다.

단골이 들고 온 갓 구운 감자전, 따끈한 어묵, 동네 어르신들의 주머니를 터는 행사장에서 미끼로 준 계란이며 가래떡을 나누느라 미용실은 매일 매일 파티장이다.

"원장 이제 애들도 다 커서 제 앞가림하니 돈 들어갈 일 없잖여, 일주일에 한 번씩 쉬면서 여행도 가고 더 늦으면 무릎 아파 못가" 단골들의 애정 어린 충고에 "저도 생각은 하는데 잘 안되네요."

좋은 세상은 어떤 세상인가.
어떻게 사는 게 잘사는 것인가.
정답은 알 수 없으나 좋은 세상은 생각보다 가까이에 있다. 묻지도 따지지도 않고 있는 그대로 속을 내주는 따뜻한 단골이 사는 이곳이 좋은 세상이 아닌가. 너무 가까이 있어 우리가 좋은지 모를 뿐.

바람을 꿈꾸다

 병솔꽃, 꽃잎이 아니라 꽃술로 덮인 모습이 흡사 병을 닦는 솔을 닮아 붙여진 이름이라 한다. 수크령꽃 모양의 꽃술인 듯 가시인 듯 강렬한 빨강이 도발적이다. 밤이 지나면 공작나비가 되어 하늘 저편으로 날아가 버릴지도 모른다.
 밤새 뒤채던 바람이 늦잠이 들었는지 꽃 무리 넘어 쪽빛 바다는 잠잠하다. 바람도 때로는 날개를 접어 바닥에 엎딘 풀꽃들의 눈치를 살핀다.

 딸과 함께한 제주도 한 달 살이. 이런 호강을 누려도 괜찮은 건지 실감이 나지 않았다. 아픈 동생을 두고 가는 게 마음에 걸렸으나 살아본 적 없는 잔디가 고운 마당 있는 집에 금방 마음을 뺏겼다.

바다를 보며 엉킨 머릿속을 돌아볼 수 있지 않을까 하는 기대는 애초에 착각이었다. 바람이 얼마나 사람을 송두리째 뒤흔들어 놓는지 가늠하지 못했다. 외출에서 돌아오면 테라스에 벗어 놓은 신발이며 캠핑용품이 마당에 나뒹굴었다.

집게를 물려둔 빨래도 한곳으로 엉켜 있다. 한 덩이로 묶여 무지막지 볼품이 없는 탁자와 의자. 마당 한쪽에 매어놓은 그네의 천금 같은 무게도 그제야 수긍이 갔다.

바다 가운데 들어앉은 섬에서 고요하기를 바라는 것은 애초부터 가능한 일이 아니었을지도 모른다. 느긋하게 음악을 들으며 섬 한구석에 숨어 있는 작은 책방지기가 건넨 소소한 책을 읽고, 카페나 공원 어디에서나 노트북을 펼치고 있는 젊은이를 흉내 내보려던 계획은 처음부터 맞지 않았다.

그래, 라떼는 읽기도 쓰기도 조용한 독서실 골방 아니던가.

바람은 광포한 변덕쟁이다. 언제 어디서나 바람이 살지 않는 곳은 없다. 사람들은 바다가 사납다고 하지만 사나운 건 바다가 아니라 사람이 아닐까. 임자 없는 바람을 포획하려 바다 가운데 선 하얀 바람개비, 미끈한 몸매와 큰 팔을 휘둘러 먼 외계의 바람 공주를 꼬드기는 중이다.

 사람 사는 세상은 말이 만든 블랙홀, 바다는 바람이 쏟아낸 눈물이다. 세상 모든 것을 흔들어대는 바람. 우리의 근원을 흔들려는 바람의 계략에 안방까지 내어주었다. 비바람을 피해 철옹성처럼 쌓아 올린 건물에도 구석구석 에어컨 송풍장치로 바람을 모셔 들인다. 보랏빛 잔영이 커튼처럼 드리워진 애월 해변, 달려드는 바람에 몸을 맡긴다. 내 안에 숨어 있던 무녀의 접신(接神) 같은 희열이 만장처럼 펄럭인다.

 해넘이가 장관인 해안도로,

 휘파람새 한 마리가 바람을 가르고 날아온다. 곤두박질치듯 내려앉으니 어디선가 떼로 몰려와 앉는다. 흔들리는 나뭇가지 사이로 곡예 하듯 사랑놀이에 열중한다.

 돌담 아래 잠이 깬 수국도 옆구리에 허허실실 바람을 담는다. 멋대로 달려와 흠뻑 적셔놓고 저만치 물러나는 바다를 향해 모래밭은 슬며시 젖은 치맛자락을 걷는다. 메밀꽃이 일면 드러나는 하얀 목덜미, 물 갈기 세운 바다가 달려들면 배시시 속살을 감춘다.

 하늘과 바람이 한통속으로 꾸며내는 변주곡에 바다는 짐짓 흔들리는 중이다. 하늘과 땅 사이 우주의 리듬을 탄 갈망은 오늘도 영롱한 별과 구름을 잉태한다.

  바람을 꿈꾸었다. 천망(天網)에도 걸리지 않는 바람, 바람은 자유, 자유가 바람 아닐까. 구름을 흔들어 줄비를 퍼붓고 회오리 바람으로 바다를 뒤집는다.

  휘청이는 도심에서 붙박이 풀꽃들의 꿈을 사방으로 흩어 버린다. 도심을 가로지른 물줄기 따라 낯익은 건물 위로 반달 같은 얼굴들을 그려보고 싶었다. 울타리 밖 골목길 어디든 바람을 따라가 보면 나를 기다리는 언덕(Godot)이 있는 줄 알았다.

  하지만 추수를 앞둔 벼 이삭을 논바닥에 처박고 늙은 농부가 씌워준 고깔 속에 달게 여문 포도송이를 패대기치고, 임금님 행차를 위해 치켜든 정이품 노송의 팔모가지를 분질러 버리는 게 바람의 본심은 아닐 것이다.

  멈추지 못해 이생의 소중한 것들을 손 내밀어 잡을 수 없다면, 애달프고 속절없긴 바람이나 나나 매한가지다. 머물 수 없어 하고 싶지 않은 일을 꾸역꾸역해야 한다면 바람의 자유도 헛것 아닌가. 나를 따라오던 알록달록 그림자는 어디로 갔는지 보이지 않는다. 사방에서 쏟아지는 빛과 천지를 흔드는 바람으로 섬의 하루가 저문다.

  소금 먹은 바람이 흥건하게 나를 적신다.

두모악에 잠든 바람

 갤러리 입구에 서니 바람이 마중 나온다. 분신인 사진을 지키기 위해 폐교를 개조해 손수 만든 갤러리, 들어서는 순간 주인 없는 고향 집에 온 듯 고요함에 먹먹하다. 평생을 오름에 올라 흔들리는 피사체를 렌즈에 담아 셔터를 누른 한 사내의 바람이 잠든 곳이다. 평범하지 않은 삶을 살다 간, 뜨겁고 치열한 예술혼 앞에 경건한 마음으로 옷깃을 여민다.

 영혼의 안식처 갤러리는 잠든 듯 고요했다. 제주다운 정취가 묻어나는 소박하고 정갈한 정원이 손님을 맞는다. 분홍 꽃망울이 번져있는 메밀 여뀌, 노란 나도 냉이, 돌담을 기어오르는 바람개비 마삭줄 하얀 꽃이 노랗게 취산꽃차례 중이다.

깜냥대로 자란 들풀들의 부조화가 조화롭다.

덤불 사이에 앙증맞은 토우들은 친구의 선물이다. 나신(裸身)에 민머리로 가부좌를 틀고 앉아 명상 중이거나 어깨를 기대어 하늘을 본다. 깊은 기다림으로 저마다의 정진에 골몰한다. 귀여운 꼬맹이 수행자들 가만히 보니 귀가 없다. 혼탁한 세상 이야기는 듣고 싶지 않다는 다짐인가. ET를 닮은 토우 하나가 있지도 않은 귀를 틀어막고 있다. 카메라를 목에 건 돌하르방, 평생 사진만을 생각하며 치열하게 살다 간 주인장의 애절함으로 작은 의자에 손님을 부른다.

어우러진 들풀 사이로 '배움의 옛터 삼달국민학교' 명패가 애잔하다.

입구에서 손님을 맞는 작가는 말이 없다. 헐렁한 카키색 군용 파카에 헝클어진 긴 머리칼을 아무렇게나 묶었다. 흩날리는 머리카락은 흡사 야생마의 갈기를 닮았다. 거친 대자연 바람 속 두 모악을 헤집고 다녔음을 보여준다.

갤러리 안으로 들어서니 주인 없는 방에 손때묻은 사진기가 손님을 맞는다. 유리창 너머 만지고 닦아주고 세상 무엇보다 소중한 분신이었던 카메라가 동그마니 서 있다. 두 번 다시 오지 않는 귀한 순간을 파노라마로 순간을 영원으로 바다를 건너 오름을 넘나들다 그에게 잡힌 바람들이 갇혀있다.

손때 묻은 책들도 가지런히 정돈되어 있고 애지중지 귀히 여겼던 것들은 모두가 그대로인데.

'용눈이 오름'의 사진들이 계절별로 걸려있다. 오름의 변화, 억새를 흔들어대는 짓궂은 왜바람, 벼랑을 치받는 태풍에 울부짖는 파도의 울음이 들린다. 아무도 보아주지 않는 곳에서 피어났던 풀꽃들이 눈길을 사로잡는다.

글로 표현할 수 없는 자연에 대한 감동과 경외심이 전해온다. 한 장의 사진 속에 자연의 영(靈)이 된 바람의 혼이 담길 줄 몰랐다.

오름, 바다, 들판, 억새, 나무, 햇살과 안개…….
순간을 불러 세운 사진에 제목이 없다. 보는 이의 상상력을 제한하지 않기 위해서라는데, 외로움과 열정 뒤 그늘에서 순간의 빛과 바람의 흔들림을 하나의 이름으로 규정하는 것이 애초부터 불가능했을 것이다.

한 남자를 섬으로 부른 것도 오늘 많은 관광객을 이곳에 불러들인 것도 바람이다.

봄이면 노란 산수유와 붉은 동백이 바람을 맞는다.

전시실 뒷마당 그가 심은 감나무, 그를 품고 있다는 세 번째

나무, 만난 적 없는 그에게 마음의 꽃다발을 바친다. 바람으로 살다 간 긴 흔적들이 생생하게 우리를 맞는다.

초원과 오름과 바다를 거닐면 영혼과 기억 그리고 자연이 하나가 되어 영원의 생명이 그의 의식에 스며든다.

사진을 찍어야 한다는 간절한 바람으로 흙 묻은 당근과 우유 한 개로 끼니를 때우며 필름을 사던 사나이, 조물주가 숨겨놓은 선경을 훔쳐보아서였을까.

신은 루게릭병이라는 된바람으로 그를 하늘로 불렀다.

갤러리에 설치된 영상 속에서 그의 지난했던 생은 아직도 진행 중이다. 좋은 사진은 운이 좋아 찍히는 게 아니라 오래 기다리고 준비해서 맞는 귀한 손님임을 보여준다.

단어 하나를 찾느라 시인은 몇 달을 고뇌하고 화가는 선 하나를 긋기 위해 몇 날 밤을 지새운다. 사진가는 셔터 한번을 누르기 위해 기다리고 또 기다린다.

사진이 전부였던 사내, 흔들리는 자연의 영혼을 잡으려 하염없이 기다리고 또 기다리다가 누르면 그만인, 혼자 본 이어도를 영혼에 인화해 남기려 자연의 영적 신비를 누설하여 신의 노여움을 샀을지언정, 그 절정의 순간에 자연이 주는 날것의 오르가슴을 만끽하며 아름다운 세상을 여한 없이 보고 느꼈다던 그는 말로 설명할 수 없는 황홀에 행복했던 사람이다.

　자연과 합일된 아름다움을 창조한 그의 뜨거운 예술혼이 경이롭다. 목숨과 맞바꾼 그의 예술은 두모악 일부가 되었다. 삶에 완성이 어디 있으랴. 사람의 마음을 사로잡는 것은 뜨거운 영혼이다. 헤아릴 수 없는 아픔과 빛으로 남은 사진작가, 꽃이 핀 감나무에 만가(挽歌)처럼 바람이 운다. 억새 숲을 헤집어 온 힘으로 끌어안은 두모악은 그가 영원히 살아갈 안식처다.

　'외진 곳까지 찾아주셔서 감사합니다' 외로운 작가가 세찬 바람을 견뎌내며 서 있는 듯 배웅하는 소녀상의 그윽한 눈망울이 눈에 밟힌다.

그리운 섬

오름이다.

노꼬매, 따라비, 영아리, 바굼지, 다랑쉬, 용눈이……

어쩜 이렇게 이름이 예쁠까?

짧으면 5분 남짓 길어야 반 시간이면 오를 수 있는 오름, 꽁꽁 감추어둔 매력을 한 걸음씩 다가오는 여행자에게는 '예 있소' 후하게 속을 내보인다. 정상에 서면 잔잔한 감동을 아낌없이 내어 준다.

다랑쉬 오름,

둥그렇게 팬 분화구가 달처럼 둥글게 보여 달랑쉬, 월랑봉으로 불리다 다랑쉬가 되었다. 나란히 있는 두 개의 오름 중 옆에 있는 자그마한 것이 이끈 다랑쉬 오름이다.

'이끈'은 버금, 둘째라는 의미이다. 이렇게 크고 작은 것이 나란히 있어 '큰'과 '족은'으로 구분한다. 이름 대로라면 '큰 다랑쉬' '족은 다랑쉬'여야 하는데 '다랑쉬' '이끈 다랑쉬' 예쁜 이름만으로도 한 번쯤 보고 싶어진다.

물기를 말려 비상의 날개를 펼친 억새들의 적막한 외침에 달려온 다랑쉬 오름, 키를 넘긴 은물결 사이를 헤치며 올랐다. 뱀꼬리처럼 구불거리던 길이 풀숲으로 사라졌다. 환호성을 지르며 따라오던 여자들은 어디로 숨어들었는지 조용하다.

함성을 지르며 달려드는 바람에 스크럼을 짜고 맞서는 억새들이 휘어진 허리를 곧추세운다. 하늘을 가를듯한 은빛 날개로도 날아오를 수 없는 으악새 떼의 비상이다.

솜털 송이처럼 출렁이는 억새의 황홀한 파도타기를 즐기노라면 마법에라도 걸린 듯 좀처럼 빠져나올 수가 없다.
은빛 갈기를 세운 굼부리는 쉽사리 발을 놓아주지 않는다. 시리고 높은 하늘 아래 바람이 펼치는 억새들의 왁자한 숨바꼭질로 침묵은 바람 허리춤에 몸을 맡긴다.

용눈이 오름,
분화구 모양이 용이 누웠던 자리 같다 하여 붙여진 이름이다.

완만한 풀밭 오름은 탁 트인 시야로 어느 방향이라도 경관을 감상하며 쉬엄쉬엄 편안한 능선이다.

넓고 듬직한 굼부리 둘레길, 천천히 걷다 보면 거칠게 다가오는 바람이 되레 반가워진다.

타는 노을에 마음마저 붉어져 청으로 살아갈 노래를 입는다. 동쪽으로 푸른 바다와 성산 일출봉, 우도까지 한눈팔며 내딛는 발걸음이 가볍다. 정상에 오르면 다정하게 마주 보고 있는 다랑쉬와 이끈 다랑쉬가 반갑게 손짓한다.

가끔 오수(午睡)에 든 바람이 고맙기도 하지만 몸을 가누기 힘들 만큼 세찬 바람이 되려 매혹적이다. 내가 바람이 된 것 같은 푸른 향내가 온몸에 스며든다. 얼음물을 끼얹은 듯 얼얼해져 진짜 날아갈 것처럼 기분이 좋아진다. 혼곤한 바람에 취해 있다 엉덩이를 털고 일어선다.

낮게 엎딘 풀꽃들, 제비꽃, 할미꽃, 개민들레, 개쑥부쟁이,

용눈이 굼부리, 용은 가고 바람만 외롭게 남아 춤을 춘다. 그 우주의 한 자락, 조각보처럼 예쁘게 이어진 밭고랑에 속살대는 먹거리는 그 어떤 보석보다 아름답다.

다람쥐 똥 널린 비탈에 풍혈(風穴)을 열어 천지를 흔들어대는 바람, 그 바람 갈피 갈피에 목을 내건 풀꽃들의 작은 눈망울이

삽상하니 고요하다.

　비가 오는 날이면 생각나는 섬.
도둑괭이처럼 밤에만 퍼붓던 빗줄기가 온종일 멈추지 않는다. 아기 돌고래를 헹가래 치고 폭풍 같은 바람이 쏟아낸 파도의 속 이야기를 들어주느라 바다는 멀미로 어지럽다.
　온 섬을 휘몰아 가는 바람의 꽁무니라도 잡고 휘이휘이 바다를 날아보고 싶은 하루다.

겨레붙이

 순환의 고리를 여미는 시간,

 벌거벗은 나무들은 숨줄 하나 붙들고 봄을 기다리는 중이다. 하루하루 그의 몸을 관통해 빠져나간 아흔세 번의 겨울, 삼백예순다섯 해시계의 끝날이다. 모든 것들과 영원한 이별을 위해 그리며 추억하는 사흘의 말미, 쉼을 모르는 또 다른 시간이 내 안에 모두의 안에 고요히 응집되는 순간이다.

 무거운 침묵 사이로 전화기가 부르르 몸을 떤다. 새해 복 많이 받으라는 내남없이 후한 복 나눔에 앞장선 대장은 토끼다.

 누이를 자청한 여인도 중대장이던 남편도 북에서 온 피난민이다. 피붙이도 우물붙이도 아닌 발가락 다섯 개 한반도 겨레붙이를 고리로 가족이 되었다.

　세상 물정에 어두운 전역 장교였던 남편이 벌이는 사업은 남 좋은 일만 시키기 일쑤였다.

　손맛을 무기로 관공서 앞에 식당을 열었다. 거창한 요리가 아니라 툭툭 잘라 조물조물 무쳐내고, 제철 재료 넣어 바글바글 끓여내는 엄마가 해주는 집밥, 입에 착 감기는 맛에 식당은 만원이었다. 갈라진 방바닥에 스민 연탄가스에 남편이 떠나고 며칠 후 혼자 깨어나는 참극 속에 사 남매를 꿋꿋이 키워냈다.

　생전의 남편이 벌여놓은 사업은 고스란히 빚으로 남았다. 카랑카랑 목청 높여 매사를 깔끔이 잡도리하던 여장부, 남자도 버거운 집도 지어 팔고 맺고 끊음이 분명한 평안도 또순이였다. 즈애비 닮아 착하고 물러빠진 아들도, 저마다의 개성으로 제 목소리를 내는 딸과 사위도 버럭은 피할 수 없었다. 아낌없는 사랑을 쏟은 손자들도 세대 차이만큼 비례하는 마음의 거리는 어쩔 수 없는 일이었다.

　구순을 넘기며 헐렁해진 노구는 가을걷이 끝난 들판처럼 황량해졌다. 잔고가 바닥난 기억의 계좌는 공(空)이 울렸다. 찬란했던 젊은 날을 추억으로 환기해 보지만 남루해진 세월의 흔적만 도드라져 보였다.

늙어가는 일이란 절로 고요해지는 것이 아니라 홀로 감내하고 삭이는 일이다. 그래도 끝까지 버티게 해준 힘은 가족이다. 방금 먹은 저녁밥은 잊어도 피난민으로 어렵사리 일군 살붙이들을 어찌 놓을 수 있겠는가.

두 달 전 마지막 생신날 격하게 포옹까지 한 막내에게 인사를 안 하느냐 역정을 내면서 내게는 살갑게 '으응 왔어. 고맙네' 여러 번 아는 체를 했다.

식사가 끝나 케이크를 자르니 밥은 왜 안 주느냐. 가속이 붙은 쇠함으로 하루가 다르게 비어가는 기억의 통장을 열어 마지막 여비와 자존감을 채워 놓았다.

증명해 줄 이 없어 만든 생일이 빨간 동그라미가 선명한 공휴일이다. 기억하기 좋아 모두가 편했다. 길들지 않은 야생마의 거친 눈빛에 머뭇대는 나를 반색하며 손을 잡았다.

주머니를 털어 예물과 예복을 맞춰 혼주로 나섰다. 때맞춰 아이들의 돌 반지며 책가방, 빨간 구두를 들고 와 '내가 고모다 고모' 연발했다. 뻐꾸기 우는 봄날, 한들거리는 코스모스를 따라 오가던 생일은 이제 주인을 잃어버렸다.

추위는 곧 물러갈 것이다. 싹틔우고 자라 꽃피고 열매 맺으면 끝인 줄 알았다. 씨앗이 열매로 다시 씨앗으로의 몸 바꿈은 본질을 찾아가는 것, 해가 지면 저녁이 오듯 나이 듦은 해가 지는 일이다.

  햇빛과 바람 속을 푸르게 달구던 세월이 담장을 넘어 존재를 삼켜버린다. 빛나던 이전 것들을 내려놓을 시간이다.
거친 비바람과 뜨거운 햇살을 온몸으로 받아내 붉어진 달콤한 열매도 산자락을 점령한 고운 단풍도 푸르고 시린 날을 견뎌 받아낸 훈장이다.

  이 땅을 지켜낸 붉은 죽음들의 안식처 국립현충원,
작별 인사도 못 한 옆지기는 대문을 활짝 연다. 유리방에 문패를 내걸어 천부(天府)에 고하고 영생에 드는 시간이다. 토하지 못한 슬픔으로 옹이가 박힌 소나무, 엊그제 내린 눈으로 솔잎마다 녹슨 눈물이 배어있다. 조각조각 베인 말들이 허공을 넘나든다. 끈적이는 핏줄 사이로 말간 샘물이 살아있는 존재들 사이를 관통한다. 접힌 마음을 펼쳐 서로를 열어 낙차(洛叉)를 촘촘히 엮을 시간이다.

  나고 스러지는 숨바꼭질 속에 세상은 돌아간다.
검불 같은 인연에 기대어 반세기를 동행한 형님, 얼마나 소중하고 귀한 연분인가. 그분이 살아온 것처럼 내가 살고 이제 막 걸음을 시작한 후손들이 살아갈 세상도 아프고 고단할 것이다. 하지만 눈부시게 아름다운 행복을 찾아 분투하는 생명으로 활기찰 것이다.

피붙이도 아닌 그분이 내게 준 것은 당당하고 깊은 사랑이다. 어떤 이익도 쓸모도 없는 이름을 품어주는 일은 어리석은 일이나 어리석음의 크기보다 훨씬 더 아름다운 것이 사랑이다.

지금 내가 사는 세상이 돋보기 없이도 읽을 수 있는 경전임을 알게 해준 혼탁한 세상에서 굴곡진 삶을 견디게 해준 빛이었다.

한 생이 천상에 드는 한 해의 마지막 날 하늘엔 노을이 시리게 곱다.

부처를 닮은 집사

'셋이요?'

애가 셋이라는 말에 생글거리던 주인 여자의 안색이 싹 변한다. 난감해하는 복덕방 영감의 표정에 다른 집을 더 보자는 말도 못 꺼냈다. 집이 아니라 방을 구하던 시절이었다. 도심에서 한참 벗어난 외곽으로 떠밀려 왔다. 방 두 칸짜리 내 집, 마음에 들고 안 들고는 따져볼 여유가 없었다. 부족한 만큼 대출을 받아 두 달 된 막내를 안고 한겨울 이사를 했다. 노선버스도 없어 한참을 걸어가 버스를 타는 남편의 출근길은 별 보기가 일상이 되었다.

현관문을 마주하는 이웃으로 만난 여자, 특별할 것 없는 평범한 아줌마, 가진 것도 배움도 많지 않지만 품이 넓어 주변을 돌아볼 줄 아는 정 많은 여자다. 일요일엔 곱게 화장하고 아껴둔 외출복으로 한껏 모양을 냈다.

오늘은 또 무어라 핑계를 대야 할까 고민하는 어쭙잖은 내 변명을 다 알고 있다는 표정이다. 달덩이 같은 얼굴에 온화한 미소, 어른들이 좋아하는 맏며느리 상이다.

예배당을 처음 본건 십 리 밖에 있는 초등학교 옆이다. 태어나 가장 먼 곳의 외출이 학교였다. 처음 만난 크리스마스, 산타할아버지가 주는 알사탕과 공책 한 권, 생애 처음 받아본 선물이었다. 십자가에 못이 박혀 죽었다가 사흘 만에 살아났다는 믿을 수 없는 얘기는 학교 선생님이 들려준 동화였다. 달콤한 사탕이 솔깃해도 산모퉁이 돌아 한 시간이 넘는 길을 일요일에 나서기란 어림없는 일이었다.

해를 넘기며 이어진 장 집사의 나를 향한 구애, 애초에 똑부러진 의사 표현을 못 한 것이 후회되었다. 더는 둘러댈 핑계가 궁해져 우물쭈물하다 어정쩡 끌려갔다. 눈뜨면 마주치니 피할 수도 없어 이러지도 저러지도 못한 상태로 숙제하듯 떠밀려 세례도 받았다. 산업화의 불길처럼 번져가는 교세 확장의 시기였다. 리더의 손에 이끌려 부흥회도 가보았지만, 의구심만 커졌다. 구역모임도 빠지지 않는 외견상으로는 그럴싸한 교인이었으나 하나님은 만나지 못했다. 이사를 하게 되었고 습관적으로 가까운 교회를 몇 번 가보았으나 거기에도 신은 없었다. 간섭하는 이 없으니 흐지부지 멀어졌다.

  하루 살기에 매인 비루한 날이 이어졌다. 보이지 않는 희망과 숨바꼭질하면서 내일을 향한 꿈도 시간의 지층에 갇혔다. 손도 미치지 않는 몸속 어디에도 말씀은 자리를 잡지 못했다.
  스스로 제어할 수 없는 평활근마저 내 손아귀에 가두고자 분주한 삶이 이어졌다. 살아있다는 감각만이 스멀거리고 나와는 상관없는 세포 속 신경 줄만 삐죽하니 고개를 내밀었다.
  떠밀리는 철새처럼 설 자리를 못 찾아 주춤거리며 반생을 건너왔다. 분갈이 때가 지난 꽃나무처럼 화분 밖으로 뻗치는 가라지가 질척거렸다.
  잡힐 것이라 여겼던 것은 좀체 실체를 보여주지 않았다. 무대 위에 그림자를 좇는 늙은 무희의 무딘 발놀림처럼 간절함만 아득한 시원에 결이 닿아 있었다.

  돌아보니 힘들지 않은 삶이 없다.
누구라도 희망과 절망 사이를 그네 뛰듯 오가며 사는 게 인생이다. 빈손인 줄 알았던 내게 가진 것이 참 많다. 욕심으로 끌어안은 오욕을 풀어 놓을 시간이다. 아무리 큰 파문도 혼자서는 넓은 호수를 건너지 못한다. 퍼지고 번지다 새로운 파문을 만나 부딪힌 파문을 품으면 더 넓은 세상을 만난다. 홀로 아름답거나 혼자 돋보이는 것이 아니라 함께 협력하여 선을 이루는.

바람도 깊어지는 가을이다. 벼는 여물고 나무는 잎을 떨궈 보내고 철새는 새 둥지를 찾아 비상한다. 봄내 여름내 온 힘을 다해 채운 것을 비우고 다시 채울 준비 중이다. 바람에 흩날려 후손을 이어가는 개망초처럼 내가 지금 할 일이 무엇인가. 이순(耳順)을 진즉에 넘고도 몸속엔 허망한 말 꽃들이 웅크리고 있다.

밭둑에 널브러진 억새가 고추잠자리를 부른다. 부처를 닮은 환한 미소의 장 집사를 생각한다.

번쩍이는 금불상이 아닌 초등학교 수학여행 길 산사에서 보았던 인자하고 후덕한 미륵불을 닮은, 어디선가 곱게 늙어갈 할머니 장 집사를 떠올리며 하루를 시작한다.

3부

秋

가을(秋)

　익은 가을빛으로 차오른 커피 향이 카페에 번진다.
누군가 커피에 사계절 중 누구와 한잔하겠느냐 물어본다면 가을이랑 하겠다 할 거라고. 그윽한 커피 향과 어우러진 피아노 선율이 마른 가슴을 천천히 적신다.
　짓눌려있던 감성이 마른 물길을 따라 스멀스멀 번져온다. 몸속 오지에 웅크려있던 꽃뱀이 혓바닥을 날름대며 혈관을 찔러대는지 명치끝이 알싸하다. 누가 가을을 남자의 계절이라 했는가.
　가을은, 사위는 여자가 더 위태롭다. 바람결에 날리는 머리칼 한 올에 꼭꼭 걸어 잠근 안전핀이 순식간에 뽑혀 나가는, 그 쓸쓸함으로 아름다운 것들 속에 숨어 있는 슬픔이 눈에 들어온다.
　호수 옆 길가에 늦게 핀 구절초들이 해쓱하게 웃고 있다.

새들새들 수척해진 낯빛이다. 시든 이마에 죽음이 코앞에 왔는데 저리 천연스레 웃을 수 있다니 고수, 아니 강적이다. 온 힘 다해 한철을 살고 향기로운 이별을 준비하는 자연 앞에 숙연해진다.

가을을 털고 있는 나무 사이로 늦가을 같은 여자 하나 걸어간다. 추적추적 낙엽을 떨구는 늦가을 빗소리는 처연한데, 길바닥을 뒹굴며 온몸으로 이별을 치르는 낙엽엔 생명의 냄새가 진하다. 변심한 애인처럼 가을이 가면 산하엔 눈이 내릴 것이다.

흙에 발부리고

햇살이 잠든 어둠의 등을 떠민다. 흙에 기대어 사는 농부와 먹고 먹히는 먹이사슬에 목을 내어놓은 풀벌레가 부산을 떠는 아침이다. 무거운 눈꺼풀을 열어 일찌감치 들려주는 주인의 발걸음 소리에 화답하는 중이다. 부지런한 바람이 혼자 술래잡기를 하고 있다. 밤이슬 먹은 벼는 누에머리, 손톱만큼 자랐을 것이다.

지난밤 농주 한 사발의 취기에 잠을 설친 농부는 코끝에 스미는 풀 내음이 몸을 깨운다. 도시로 간 막내의 무소식이 푸른 희망을 품게 한다. 속내를 드러내지 않는 어둠 속이지만 들판은 모두를 키워낼 의지를 불태우는 격전의 장이다.

흙에 코 박고 비바람 몰아치는 자연과 치열하게 싸우며 살아온 아버지, 훤하게 동이 트면 누구보다 먼저 집을 나섰다. 흰 고무

신은 외출용이고 일을 할 땐 항상 검정 신이었다.

 보탤 손이 없는 홀앗이 품으로 식구들 거두느라 허리 한번 펴 본 적 없었다. 부지런히 일을 마치면 기다리는 것은 단백질 제로의 푸성귀에 보리밥이다. 맥고모자로는 내리쬐는 태양을 가리기 역부족이다. 베적삼이 소금기로 버석이면 잠시 툇마루에 누워 땀을 식혔다. 해가 정수리를 비키면 다시 들판으로 가 해거름이 되어야 호박, 오이, 얼갈이, 참외를 짊어지고 집으로 왔다.

 누가 누가 더 푸른지 내기하듯 산과 하늘이 서로를 품는다. 붉은 치마를 펼치니 하늘이 항복의 팔을 내민다. 한 폭의 수채화 같던 산등성이 이내 어둑해진다. 태양과 씨름하던 들풀들이 바람에 몸을 누이며 숨을 고른다.
 살아있는 靑들의 냄새가 진하다.
누구라서 정해준 적 없고 인간들이 흉내 낼 수 없는 태고적 자연의 냄새다. 흙에 발을 딛고 살려면 땅이 보내는 신호를 들어야 했다. 태초부터 주인이던 땅과 공생하는 법을 봄과 여름, 가을이 일러주어도 듣지 못했다. 파란 슬픔에 눈이 가려 화석처럼 굳어가는 아버지의 가슴을 아무도 눈치채지 못했다.
 거름 묻은 돈으로 나를 키워준 아버지의 냄새가 얼마나 구수한 사람의 냄새였는지, 그 독한 냄새가 가난한 가장의 진한 눈물이었다는 것을 알기까지는 시간이 필요했다. 허허벌판에 홀로선 사내의 처연한 고독을 여인들이 얼마나 알까. 혼자 먼 곳을 그리워하느라 멍울이 돌이 되는 줄 몰랐다.

  자식들이 제 걸음을 떼기 전 슬픔만으로는 감당 못 할 정해진 길을 혼자서 갔다. 먼길 돌아 흙에 발을 부리고 눈을 뜨니 상처를 다독일 시간은 주어지지 않았다.

  작은 나뭇가지에 걸린 바람이 맴을 돈다.

  생명 가진 것들이 영그느라 들판이 술렁인다. 발밑에 순수의 언어들이 숨어든다. 아기 다람쥐 걸음이 바빠진다. 이슬 맞은 거미줄은 탱탱하다. 소리를 앞세운 비행기가 긴꼬리를 물고간다. 한때는 검은 노다지를 캐러 몰려든 사내들의 열정이 넘쳐났을 것이다. 이름을 알 수 없는 온갖 생명의 소리가 넘친다. 흙냄새를 맡으며 흙이 주는 소리에 귀를 기울인다.

  백주에 보쌈당한 과부처럼 선 자리가 낯선 나무들이 투덜댄다. 무수한 수다로 세상이 들썩여도 하늘은 모른 척 침묵한다.

  그리움도 오래 묵히면 단단해지는가. 내 안에 흔적으로 남은 사무침, 보이지 않는 끈을 잡고 아버지는 못 가본 향 동백 같은 시간 속을 휘적휘적 걷고 있다.

엉망진창

 웅성거리던 장내가 일순 조용해진다.
아버지의 손을 잡은 순백의 드레스, 베일에 살짝 감춘 신부의 고운 자태에 시선이 쏠린다. 입이 귀에 걸린 신랑과 하객들도 환한 미소로 모두가 행복한 시간이다. 사랑으로 포장된 너울을 쓰고 두 발목을 묶은 이인삼각 게임, 모험의 시작이다.
세상에서 가장 가까운 사이로 만나 종점을 모르는 긴 여행을 떠난다. 이 생명 다하도록 영원한 낙원을 꿈꾸는 인내와 사랑의 현장 실습, 백년해로를 희구하나 누구는 짧게 누구는 길게 이어진다.

 아들을 하나 둔 새댁이 저수지에 몸을 던져 한적한 시골 마을이 발칵 뒤집혔다. 대학 나온 남편은 서울에서 직장에 다니고 있었다. 명절 때나 한두 번 내려올 뿐 아들이 초등학생이 되도록 혼자 시집살이를 하고 있었다. 다른 부인을 두었다느니 자식이 둘이라느니 소문이 자자했다.

망자의 억울함이 깊으면 저승으로 못 간다며 넋걷이 굿을 하였다. 새댁으로 빙의 된 무당이 한 서린 울분을 토하는 것은 밋밋한 일상으로 심심한 내게 재미난 구경거리였다. 눈길 한번 주지 않은 남편으로 시리던 시집살이와 시부모님에 대한 야속함, 꿈결에 받아먹은 떡 같은 자식을 두고 가는 어미의 안타까움이 온몸에 실려 있었다. 죽음의 실체가 가늠이 안 되는 어린 내 눈에도 슬펐다.

시어머니는 무녀 앞에 머리를 조아리며 두 손을 모아 허리를 굽혔다. 좋은 곳으로 가라며 돈다발을 무녀의 치마폭에 안겨주었다. 홀로 남은 아들은 할머니의 눈물 바람에 쓸쓸한 표정으로 말수가 줄었다.

첫 발령을 받아 부임해 온 과학 선생님. 근엄하고 한 손에는 매가 들려 있는 무서운 선생님에 대한 선입견이 깨어졌다. 여자보다 더 흰 피부에 선이 굵은 큰 눈망울, 우리는 첫날부터 선생님께 빠졌다. 흥미도 없던 과학점수가 반 평균을 높이고 눈에 띄

게 얌전해졌다.

"맨발의 청춘"을 보았다. 학생 관람 불가의 영화를 보자니 주임 선생님께 발각되는가 싶어 마음을 졸이느라 영화는 눈에 들어오지 않았다.

뭔지 모르는 가슴 미어지는 슬픔으로 혼자 흔들리던 때, 잘생긴 배우와 트위스트 김이라는 이상한 이름과 삐딱함, 교복도 작업복도 아닌 청바지는 산골 소녀의 마음을 뺏기에 충분했다.

남학생 한 명이 전학을 왔다. 아침마다 시를 쓴 분홍 색지와 들꽃 한 송이를 책상에 올려놓아 애들의 놀림감이 되었다.

그러나 근사한 영화배우와 과학 선생님에게 마음이 간 내게 막 변성기를 지난 애도 어른도 아닌 애매한 촌뜨기는 눈에 들어오지 않았다. 볼 것도 없이 쓰레기통에 던져버리고 담임선생님께 고했다. TV도 없는 시절 영화 포스터 한 장을 보물인 양 간직하고 잘생긴 영화배우를 바라보는 것만으로도 행복했다.

단발머리를 묶어 올려 나름 성장한 사복 차림으로 영화는 관심 밖이고 배우를 보러 다녔다.

공군 장성으로 퇴역한 분이 있다. 평생 군인이었다는 게 믿기지 않았다. 나지막한 말투와 차에서 내리는 부인을 마치 어린아이 보살피듯 조심스러운 모습이었다. 아버지를 보며 배운 듯 자녀들도 엄마를 보물인 양 귀히 여긴다.
대가족 임에도 목소리 한번 담을 넘어오지 않았다. 내가 아는 보통의 아버지들과는 너무 깍듯한 존댓말에 부부의 전혀 다른 일면을 보았다.

평소에는 반듯한 호인이 술을 마시면 세간을 부수는 등 헐크로 돌변하는 남자, 못 살겠다 씩씩대며 저수지로 달려간 아내, 물을 보는 순간 발은 얼어붙고, 시퍼런 물이 덮쳐와 걸음아 날 살려라 도망쳐 왔다. 죽는 것도 다 팔자라며 횡포를 지혜로 피하며 가정을 지켰다.

작은 식당을 운영하는 부부, 남편은 손에 돈을 쥐면 놀음판으로 달려갔다. 허리가 휘도록 일을 해도 살림살이는 나아지지 않아 시름이 깊다. 아내가 들려준 꿈 이야기다.
죽어 염라대왕 앞에 섰더니
"아직 때가 안됐는데 왜 왔느냐? 돌아가라." 큰절하고 돌아서는데 "그 남편과 더 살아." "나 그냥 죽을라요." 털썩 주저앉았다며 헛웃음을 짓는 표정은 쓸쓸해 보였다.

아버지의 폭력과 외도로 어머니의 한숨과 눈물 속에 자란 한 남자는 다짐을 했다. 술도 먹지 않고 한 여자에게 순정을 바치리라. 대학 때 만나 결혼을 해서 남매를 두고 술은 마시지 않는다. 술을 마시면 자신을 제어할 수 없을 것 같아 안 마신다고 했다. 학습되어서 인지는 알 수 없으나 형은 아버지와 똑같은 일이 벌어졌다. 자식을 끌어안고 견딘 어머니와는 달랐다. 경찰이 오는 날이 잦더니 이혼을 했다.

자녀들도 외면하는 남자는 하릴없는 독거노인이다.

후덕한 중년의 여배우가 순탄치 못한 결혼생활을 고백했다. 바람을 넘어 권력의 바람까지 더 한 대문 밖의 남자였노라.
여자는 남자를 사랑하고 남자는 온 힘을 다해 세상을 사랑한다. 여자란 사내를 활성시켜주는 촉매였는가.

세상은 화려한 여배우의 삶을 접고 식당 등 온갖 궂은일을 하면서 가정을 지킨 그녀에게 응원을 보냈다. 우상으로 보낸 시간이 독이었을까. 외도가 자랑인 듯 실명으로 책을 출간하여 뭇 여성들의 비난을 받았다.

애증의 남자를 하늘로 보내며 우리는 엉망진창이었노라 고백하는 그녀를 보며, 둘만의 그릇을 만들며 사는 부부란 무엇인가.

내일은 무엇이 우리를 기다리고 있을까.
더 많이 더 깊이 사랑하는 쪽이 더 외로울 수밖에 없는 것이 사랑 아닌가. 벌판에 뒹군 날 수만큼 야문 잉여의 에너지가 한곳으로 쏠리는 방향성이 세상을 돌게 하는 동력일지도 모른다.
　엉망진창, 그녀의 오답을 듣고도 하늘은 여전히 말이 없다.

귀족의 색

 산으로 두른 담장과 지붕으로 덮인 하늘, 산봉우리 넘어 하늘 저편엔 무엇이 있을까 궁금했다. 석바위, 내가 태어난 마을이다. 동막, 사그막, 돌파지, 마을 이름엔 돌이 들어있다.
동산에 오르면 진달래와 별을 닮은 제비꽃, 이름 모를 꽃들이 지천으로 널렸다. 동무들과 진달래 꽃잎을 물고 동산을 누비던 우리는 봄으로 피어나는 꽃잎이었다. 봄날 진달래꽃은 심심한 군입을 달래주고 엄마의 저린 손을 달래주는 신통한 약재였다.
 꼼지락대는 아지랑이 사이로 기세등등한 잡풀이 고개를 치켜들면 자색의 할미꽃 제비꽃들이 수줍은 얼굴을 내밀었다.

 꼬박 한 시간을 걸어야 하는 통학 길, 길섶에는 먼 미래의 꿈인 듯 슬픔인 듯 이름 모를 꽃들이 걸음을 붙들었다. 보아주는 이 없이 혼자 외로이 피는 꽃을 들여다보느라 걸음은 뒤처지기 일쑤였다.

달빛 쏟아지는 창가에서 '아리송해'를 흥얼대던 친구는 먼 곳으로 가버렸지만 아리송하니 고운 보라에 자꾸 눈이 간다. 도드라지는 것에 대한 두려움과 이것도 저것도 아닌 이중적 소심함이다. 진열된 옷을 기웃대며 보라에 눈이 가지만 실상은 보라를 소화해 내기란 만만치가 않다.
고작 티셔츠나 블라우스, 용기를 내 산 바지도 옷장에 처박혀 있다. 하늘거리는 보랏빛 시폰 원피스, 눈에만 담아두고 선택한 것은 무채색이다. 풀기 사원 몸의 선택인지 예복으로나 어울릴 해사한 연보랏빛 정장을 만지작대는 친구를 부추겼다.
보랏빛 정장도 친구의 옷장에서 잠자는 중이다.

보라는 자연에서 드물게 나타나는 색이다. 가시광선 영역에서 보이는 색 중 가장 파장이 짧아 맨 나중에 보이는 무지개의 끝점이다. 이보다 파장이 짧은 광선은 자외선으로 분류된다.
인간의 눈에 보이는 가장 극단의 색이면서 초월에 근접한 색이다.

"나는 마침내 진정한 색을 발견했다. 그것은 보라색, 신성한 공기는 보라색이다. 앞으로 3년 뒤에는 모두가 보라색으로 작업할 것이다". -빛의 화가 클로드 모네-.

 보라는 외향적 심리를 나타내는 빨강과 구심적 심리를 나타내는 파랑이 혼합된 색이다. 빨강과 파랑이 없었다면 존재할 수 없는 색이다.
 색 자체만으로 고고함, 세련됨의 이미지로 귀부인, 귀족들의 옷에 쓰였다. 감각과 정신, 감정과 이성, 사랑과 체념을 연결한다. 눈에 보이는 영역과 보이지 않는 영역 사이의 경계선이다.
 밤이 깊어 완전한 어둠에 빠지기 직전 마지막으로 보이는 색이 보라다. 모든 색상 중 가장 신비스러우면서도 수수께끼 같은 색이다. 비밀스럽고 슬프고, 우울하기도 하며 꿈과 환상을 일깨우기도 한다. 현실과 미지의 공간, 천사와 유령, 악마의 경계를 넘나드는 황홀한 색이다.

 색깔을 가리키는 단어 중 보라는 고유어다. 순우리말로 살아남은 것이 빨강, 노랑, 하양, 검정, 보라, 이렇게 오방색이다.
 고유어라고는 해도 어원은 몽골어(boro/poro)에서 유래 되었다. 보라는 특이한 형태로 보랗다, 보란, 보랗게, 등의 활용이 불가능하다.

    샛노란, 새파랗다, 누르스름하다, 거무스름하다, 불긋불긋 등의 색감의 정도를 표현하는 다채로운 단어도 없다. 한 마디로 베일에 싸여 숨겨진 요정 같은 색이다. 라일락의 연보라, 산책길 옆 구릉에 핀 도라지꽃은 화려하진 않으나 청순하니 도도하다. 생태공원 한 자락에 멀리 남아메리카에서 온 버베나(verbena)가 귀화식물 이름표를 달고 보라 꽃 대열에 서 있다. 거실에 앉아 바라본 회보라 빛 노을에 마음이 심란해지기도 한다.

    아릿한 슬픔이 번지는 보라 꽃, 이루지 못한 사랑이 피워내는 애잔함과 청아함, 슬픈 소리가 방울처럼 구른다. 백의의 천사가 속계를 찾는다면 보라색 꽃잎이 아닐까.
각시붓꽃, 오랑캐꽃, 달개비, 용담, 눈길 주는 이 없어도 혼자서 산과 들에 하염없이 피고 진다.

    보라색을 좋아하는 사람은 개인적이고 이기적, 독립적이며 정신적인 성장을 추구하며, 자신의 삶에 의미를 부여하기 위해 노력한다나. 보라는 신비로움과 정신적 성숙을 상징하며, 예술적 성향이 짙어 창의적인 분야에서 뛰어난 재능을 발휘한다고도. 그러거나 말거나.

사람에 따라 때론 우아하고 천박해 보이기도 하는 극과 극의 신묘한 이중성에 끌린다. 흑과 백, 빨갛고 파란 이분법으로 요란한 세상에서 붉지도 푸르지도 늙지도 젊지도 않은 중도를 완숙해 내는 보라에 여전히 마음이 간다.

푸름이 떠난 자리에 붉은 시간의 지문이 남는다. 지문 위에 새 길을 열어갈 시간의 문도 열린다. 시간의 벽 앞에서 조급해진 마음이 따라온다. 남겨놓은 얼룩과 오지 않을 것에 대한 상상이 색의 본질까지 풀어 버린다. 색은 사람의 마음까지 물들이는 힘이 있다. 환히 드러난 앞모습보다는 가려진 뒷모습에 마음이 쓰인다. 어둠을 밀어낸 낮달을 깨우니 초록을 꿈꾸는 나뭇가지에 꽃눈이 잠을 청한다.

쇠잔해진 몸에 마음도 말랑해진 것일까.

진하게 슬픈 청보라 보다 멀리 가는 향기처럼 핑크를 머금은 연보라에 눈이 간다. 홀로 있어도 아름다운 보라, 독자로 만난 이웃이 건네준 연보라 꽃으로 거실이 화사하다.

말랑한 마음에도 보랏빛 물이 든다.

*참고 문헌: '컬러의 의미와 상징, 색의 힘' (하랄드 브램)

사라지는 시간

벼룩시장을 찾았다.
빛나던 추억을 끌어안은 시계들이 수북이 쌓여 있다. 한때는 가장 가까이서 은밀하고 찬란했던 숱한 사연들이 숨죽이고 널브러져 있다. 되돌릴 수 없는 반짝이던 순간을 잡으려 마지막 출전을 준비하는 노장 선수의 비장함이다. 파장을 기다리는 생선처럼 흐릿한 눈동자, 푸른 기와집에서 온 녹슨 봉황이 졸고 있다.
시간이 시계에 잡혀 있다.
누구라도 제시간은 알지 못하기에 시간은 나이가 없다. 제각기 어디론가 흘러가고 있을 뿐이다. 시계 안에 스민 나의 시간은 어디로 갔을까. 숙제하듯 짜인 일정을 빼곡히 메우고 나면 또 다른 시간표가 주어지는 줄 알았다.
누가 보았는가. 수많은 이들이 흘려버린 그 많던 시간을, 시간은 금이라며 손목에 채운 족쇄, 무한한 시간이 유한의 공간에 저장되는 줄 알았다.

  시간이 맴을 돈다.
재깍재깍, 도는지 가는지 모르면서 더한 나이를 생각하니 아찔하다. 시계에 잡혀 눈을 뜨고 시계와 함께 밥을 먹었다.
TV는 거대한 공룡이 째깍거리는 바늘을 숨기고 있다. 마스크를 쓴 특파원의 시계는 거꾸로 돌아간다. 마이크를 들고 지구를 날아 거대한 권력의 추를 찾아 우주의 고장 난 시계를 고치려 날아다닌다.
시간을 담는 시계는 영혼을 삼키는 블랙홀이다. 높은 종탑에 멈춰버린 시계와 포로가 돼버린 팔목, 어느 것도 달아나는 시간은 붙잡아 두지 못한다. 힘이 있으면 있는 대로 없으면 없는 대로 누구라도 결국은 제시간을 살다 가는 것이다.

  빛나던 시간은 시계 속으로 사라졌다.
그 안에 갇힌 나를 꺼내 본다. 분 바르지 않아도 고왔던 젊은 엄마.
  누렇게 익은 보리밭에 새끼를 품었던 꿩은 날아가고 출렁이는 막걸리 주전자와 함께 걷던 논두렁길, 동트면 몸 부려 자연에 부대끼며 삶을 세우느라 분주한 발걸음. 해질녘 골목길 돌아 집으로 들면 늙은 어미를 살핀다.

들판을 헤매던 누렁이도 집으로 온다. 내세울 것 없으나 너무나 인간적인 하루가 시간에 얹혀 있었다.

홰를 친 장 닭이 새벽을 부른다. 안방마님 같은 괘종시계가 징징 울어도 우리는 시간에 쫓기지 않았다. 솜병아리와 숨바꼭질로 뒷마당에서 한나절, 동무와 손잡고 온 동네를 휘돌아 와도 해는 여전히 지붕 위를 맴돌았다. 장에 간 엄마를 기다리느라 동구 밖을 기웃거려도 해는 겨우 중천에 엉금엉금 기는 중이다.

해진 동화책을 읽고 또 읽고, 호랑이 곶감 먹는 할머니의 이야기는 부엉이 시계에 감겨 흐물거리고, 호롱불 아래 구멍 난 양말을 깁던 아낙의 겨울밤은 정막하고 긴 카이로스였다.

천지에 널렸던 시간은 다 어디로 갔을까.

세상은 견고한 콘크리트 성인데 시간은 사라진다. 부서진 시간의 알갱이가 허공을 떠돈다. 벽을 타고 오르는 하루살이는 광장의 벽시계가 좋아하는 먹잇감이다.

거실을 점령한 텔레비전, 스마트폰에 숨겨진 시계는 영악해 기척도 없다. 빈방에서 무료한 탁상시계는 불량배처럼 딱딱 껌을

씹는다.

숨가쁘게 돌아치며 사느라 정신이 없어 눈앞에서 강탈해 가는 시간을 멀뚱멀뚱 바라만 볼 뿐이다. 첫사랑 같은 행복한 시간들, 다시 오지 않을 영원히 간직하고 싶은 소중한 추억들이 시계의 톱니바퀴 사이로 흔적도 없이 부서진다.

시계가 흔해지니 시간이 숨어버렸다. 차 안, 부엌, 손목, 핸드폰, 방마다 거리마다 가지각색 온갖 변종들이 나타나면서 시간은 귀해졌다. 기하급수적으로 무한 증식된 포식자들이 한정된 먹잇감을 두고 치열하게 싸우는 중이다.

어둠 속에 도시는 활기를 찾는다. 불빛을 향해 나방들이 떼 지어 날아들면 하루를 견뎌낸 고단함도 잦아든다. 분주하던 시계도 잠시 숨을 돌린다. 어둠도 시간은 잠재울 수 없어 사방으로 흩어진다. 치열하던 삶의 장터마다 하루를 마감할 계산기가 시간을 재고 있다.

토막 난 시간을 이어 종일 맴을 돈 전차가 하품하며 들어선다. 굴에 웅크려있던 시간이 몸을 부려 어둠 속으로 사라진다.
시간 없다, 있다. 포르트-다 놀이(fort-da game)에서 던져버린 실타래처럼.

시간 여행

　평일 오전 박물관 앞에 긴 줄이 서 있다.
선사시대부터 현대에 이르는 귀하디귀한 보물들을 보기 위해서다. '무엇이 있을까?' 재벌가 삼성의 '세기의 기증' 이것만으로도 한 번도 박물관이나 미술관을 찾지 않았던 사람들의 호기심을 불러오기에 충분하지 않을까.

　난생처음 박물관을 찾는 관람객을 염두에 둔 콘셉트는 '미 알못(미술을 알지 못하는 사람)' 멋지다. 어린 학생들의 단체관람, 아이와 함께한 젊은 엄마들이 많았다. 두 딸과 함께 기다리는 동안 아이들의 해맑은 웃음소리, 변성기에 든 애기 남학생들의 쉰 듯 애매한 목소리도 지루함을 잊게 해주었다.

입구에는 사람 얼굴 모양을 한 석조물이 손님을 맞는다. 민머리에다 이마에는 백호(白毫)가 있고 길게 늘어진 귀는 부처의 형상을 닮아있다. 전염병이나 잡귀들로부터 마을을 지키라는 장승의 임부를 받았는지 모른다.

안으로 들어서니 궁궐 문과 흡사한 둥근 문이 보인다. 근현대 조각의 선구자 권진규의 점토에 색을 칠한 부조(浮彫)(문) 이다. 1961년 숭례문 보수에 참여하면서 접하게 된 고건축의 조형미와 색감을 현대적인 미감으로 표현한 것이다.
작가는 잘 변하지 않는 점토가 불에 구워지면서 변화되는 우연성에 매료되고 선호하게 되었다.

걸음을 옮기니 임옥상의 '김 씨 연대기' 김 씨 가족을 지켜낸 기와집 아래 나란히 누운 주름진 노부부는 상징적 표현이다. 온갖 고난 속에서 가족을 지켜내느라 켜켜이 쌓인 선조의 궤적을 발판 삼아 살아가는 오늘의 소중함을 곱씹게 한다.
이어 등장하는 부부의 초상화, 일제 강점기 우리나라 파리 유학파 1호 화가 이종우의 '부친상'이다. 자신의 아내를 그린 박득순의 '봄의 여인'은 가족이라는 맥락에 엮여 부부 초상화로 불려 나왔다.

권진규의 '모자상' 장욱진의 '가족' 백영수의 '모자' 박수근의 '아기 업은 소녀' 이중섭의 '춤추는 가족' '현해탄' 유배 시절 정약용이 쓴 글씨 '정효자 전' '정부인 전' 등 조선 서화와 근현대 회화 및 조각 등이 가족애를 바탕으로 한 공간에 놓였다.

 인간은 자연이라는 품 안에서 살아가며 눈에 보이는 자연의 아름다움을 표현하고자 한다. 그것을 그림으로 표현 해내는 사람이 화가다. 화가는 주변 환경, 자연에서 영감을 얻는다. 김환기는 큰 백자 항아리에 달의 이미지를 더해 그림을 그리고 시를 지었다. 조선 시대 백자 항아리에 '달항아리'라는 이름을 붙여 백자 항아리에 깊은 애정을 보였다.

 계절에 따라 자연 현상은 변화한다. 인간은 그 계절의 변화에 매료되고 공감하며 다양한 감성에 젖는다. 봄은 꽃들로 세상이 온통 화사해진다. 꽃밭을 수놓는 나비는 봄의 전령이다. 나비 화가 남계우의 '나비' 군접도(群蝶圖)는 청초한 붓꽃 향에 이끌린 다양한 나비들이 모였다. 나비의 종류와 암수를 뚜렷하게 알아볼 수 있을 만큼 세밀하게 그렸다. 남계우의 전통을 이어받은 이경승도 '나비' 호접도(胡蝶圖)를 남겼다.

여름은 푸름으로 눈부시다. 긴 장마와 뜨거운 햇살, 갑작스레 퍼붓는 소낙비를 견디며 식물은 무성한 잎을 펼친다. 계곡물은 흘러넘쳐 골짜기를 따라 물안개가 피어오른다.

여름날의 산수화를 꼽자면 국보인 겸재 정선의 '인왕제색도' 한국 전통 회화를 대표하는 작품이다. 정선의 그림을 놓고 "건장하고 웅혼하며 끝없이 넓고 원기 왕성하다." 했다.

그린 지 270년이 지났어도 산세를 표현한 기개가 살아있고 안개에 쌓인 산이 살아 움직이는 듯하다. 집주변을 감싸 산허리까지 차 있는 안개가 금방이라도 몽글몽글 피어오를 것만 같다. 1751년 장맛비 쉬어 가던 한여름날 정선이 올려다보던 한양의 인왕산은 화폭에 옮겨 앉아 영원한 예술로 남았다.

가을은 결실과 고독의 계절이다. 울긋불긋한 단풍은 여름을 잘살아낸 잎새들이 마지막으로 보여주는 '사(死)의 찬미(讚美)'의 시간이다. 김홍도의 '추성부도'는 중국 북송의 문인 구양수의 시 '추성부'를 그림으로 옮기고 여백에 시의 원문을 썼다.

풍요의 가을이 아닌 고독한 가을, 시의 뜻을 생생하게 그림으로 옮겨 놓았다. 늙은 화가에게 늦은 가을밤 스산한 바람 소리는 피할 수 없는 인생의 섭리로 들렸을 것이다. 죽음의 예감으로 자신의 마지막을 비유한 것은 아닌지.

 겨울은 순백의 고요함이다. 봄부터 가을까지 떠들썩하던 생명의 소리가 잦아들고 빈산에 바람 소리와 고라니 발자국 덮는 눈이 내린다. 소복이 쌓인 눈 속으로 소리마저 묻혀 세상은 공이 된다. 현존하는 작가 박대성의 수묵화 '불국설경'에는 사람이 없다.
 눈 덮인 가지를 늘어뜨린 소나무만 침묵으로 고고하다.
 고요한 겨울의 정감은 '설백색(雪白色)'의 백자에서도 느껴진다. 굽 안에 '천, 지, 현, 황' 글자가 새겨진 백자 사발은 조선 전기 '설백색' 백자의 빛깔을 잘 보여준다. 눈은 금방 질척이다 녹아버리지만 요요한 백을 머금은 그릇은 오 백 년이 넘도록 여전히 밝게 빛나고 있다.

 우리는 살면서 많은 물건을 만들고 소유하고 사용한다. 실생활에 꼭 필요한 것도 있지만 생김새가 특이해서 특별한 상징성으로 소유하고 싶은 것도 있다.
물건에 대한 소유욕과 수집 열망을 대변하는 그림이 조선 시대 책가도(冊架圖)이다. 책가도는 책장에 책, 문방구, 그릇 장식품과 과일 등 여러 물건이 가지런히 놓인 모습을 그린 그림이다. 책가도에는 오래된 것, 꾸밀 수 있는 장식이 있고 색이 진한 중국 그릇과 물건이 많이 그려져 있다.

그릇이나 문방구 과일은 상서로운 의미를 지닌다. 자손이 많기를 바라는 석류, 잉어가 변해 용이 되었다는 어변성룡(魚變成龍)은 급제하여 높은 관직에 오름을 의미한다.
3층 책장에는 다양한 기물과 책이 놓였다. 조선 사람들의 높은 수집 열망이 있었음을 보여준다.

'빛의 사냥꾼' 모네는 19세기 프랑스 인상주의의 창시자이다. 인상주의(印象主義)는 야외에서 빛에 따라 시시각각으로 변화하는 풍경을 빨리 그려내 '외광파(外光派)'라고도 불렸다. 모네는 〈수련〉을 250여 점 그렸다. 그는 '빛이 곧 색채'라는 인상주의 원칙을 평생 고수했다.

같은 대상이라도 빛에 따라 달라지는 색채를 표현하고자 수많은 '연작'을 그린 것으로 유명하다. '수련이 있는 연못'은 연못 주변의 풍경이나 일본식 다리 등에는 관심이 없이 오직 수련과 물 표면의 변화에만 집중한 그림이다. 설명을 듣고 보니 그림이 보인다.

인간은 자연과 함께 살아가지만 자연 현상을 온전히 이해하거나 예측할 수가 없다. 자연은 인간에게 경이롭고 막연한 공포의 대상이기도 하다. 그래서 절대적인 자연의 힘이나 영혼을 숭배하는 종교가 생겨난 것이다.

자연에 대한 지식이 늘면서 인간은 삶을 근본적으로 사유하게 되었다. 현대 조각가 최종태의 '생각하는 여인'은 인간이 유한한 삶을 어떻게 살 것이며 죽음 이후엔 무엇이 있을까 고민하게 되면서 종교의 필요성이 대두되었다.

인도에서 시작된 불교는 유한의 생의 의미를 근본적으로 성찰한 종교였다. 고통과 고난, 생의 불확실함을 인류의 선지자 석가모니 말씀을 등대 삼아 극복하고자 했다. 추상적이고 난해한 가르침을 쉽게 전달하려면 조각과 그림이 필요해졌다.
대승불교가 발전하면서 신성한 부처의 복잡한 가르침을 시각적 조각상으로 구현하기에 이른다. '천수관음보살도(千手觀音菩薩圖)'는 중생의 소리를 듣고 그들을 구제하기 위해 수많은 얼굴과 눈, 손을 갖게 된 관음보살을 표현했다.
손마다 소원을 들어주는 물건이 들려 있어 관음보살을 간절히 찾던 옛사람들의 마음이 느껴진다.

이상적인 인간상은 끊임없이 변화한다. 사회적 신념이 개인의 생각보다 중시되었으나 점차 개인의 주체적인 생각과 감성이 인류 발전의 원동력이 되었다. 유교 이념이 사회의 바탕이었던 조선 시대는 유학자가 시대의 표상이었다.

전우의 초상화를 그린 채용신은 20세기 전반 격동하던 사회 변화를 반영한 화가이다. 사진을 보며 그린 초상화는 음영을 적극적으로 표현했다.
토기, 도자기, 금속공예로 고대부터 조선 후기 백자 각 병까지 시대순으로 이어진 전시를 보며 시공을 초월한 방대함에 놀라지 않을 수 없었다.
1500년 전 삼국시대 '일광삼존상' 존재만으로 전율이 느껴진다. 권진규의 테라코타 조각 '손'은 예술 행위를 상징하여 고미술품이 즐비한 곳에 슬쩍 들어가 있다.

사람들이 쏟아져 나온 모습을 형상화한 이응로의 '군상' 천경자의 '만선' 뉴스나 신문에서 동정을 보거나 삶의 한 귀퉁이에서 구수한 남도 사투리로 만났던 분의 작품 앞에서는 동질성 같은 강한 끌림에 걸음을 멈춰야 했다.

우리는 주변 사람이나 가족의 도움으로 살면서 겪는 불안함을 이겨낼 수 있다. 인간은 독립적으로 존재하면서 자유롭게 상상하고 창의적으로 생각하는 존재이다.

예술은 고정된 관념이나 경계를 넘어 새로운 영역으로 나아가고 있다. 인류의 경험과 지혜의 산물인 미술작품은 굳어 있는 인간의 사고를 흔드는 역할을 한다. 빛나는 문화유산과 미술작품에서 세상을 움직이는 또 다른 힘을 경험할 수 있다.

생각하고 도전하고 상상력을 펼쳐 경계를 넘나들며 인류의 궤적과 지혜를 담아내는 인간의 인간다움을 오롯이 볼 수 있는 귀한 자리, 자연과의 교감을 흙과 금속을 활용하여 문명의 발전을 이뤄낸 글과 그림으로 생각을 펼쳐내고 상상력과 창의력으로 생각의 경계를 넘어온 인류의 이야기를 간직한 물건들이다.

한 재벌총수의 혜안(慧眼)과 문화를 사랑하는 정신으로 인류의 귀한 문화유산을 만나 볼 수 있고 느껴볼 수 있음은 복 받은 일이다. 수천 년 시 공간을 넘어온 인류의 역사 속에 고뇌와 사랑, 은유와 희열이 출렁거린 하루다.

인생의 유한성과 인류의 무한성으로 떠난 사람들이 돌아와 다시 숨 쉬는 오늘 이곳은 가장 넓은 우주였다.

내게 와준 고마운 물질을 폼 나게 쓸 줄 아는 재벌, 무구한 세대를 초월한 시간 여행 속으로 초대해 준 분에게 마음에서 우러나온 깊은 경의를 표한다.

집으로 오는길, 차창 밖으로 지나치는 풍경들이 새삼 소중하다.

* 이 글의 작품 설명이나 사실확인 (예) 역사적 실체, 연도 등 (고(故) 이건희 회장 기증 1주년 기념전) (어느 수집가의 초대)에서 일부 가져 왔다.

Happy와 marry

　새것은 좋다.
새것, 신상 명품을 차지하려 긴 줄에 오픈런을 불사하는 게 현실이다. 새 옷, 새 신발, 새것을 손에 넣느라 카드를 긁고 온 날은 마음은 해사하니 말랑해진다. 약속을 지키겠다는 신상품에 우리는 환호했다.

　공정과 상식으로 행복 시대를 열어주겠다는 날것의 공언(空言)을 긴가민가하면서도 신상에 박수를 보냈다. 그들이 가져다 준다던 행복이 실제 있기는 한 것인가. 어쩌면 실체가 없는 그들만의 모사품이 아닐까. 기다리다 지쳐 포기했던 고도를 다시 기다릴 수밖에 없는 그런데 happy는 어디에 있나.

　어린 시절 마당에서 꼬리를 치던 우리 집 똥개는 해피, 뒷집 강아지는 메리였다. 똥강아지들이 어쩌다 메리, 해피로 불리게 되었는지는 알지 못한다. 검둥이 누렁이도 있었다.
철수나 영이, 사람 말고 개를 부르는 막연한 명사로 알았다. 해피는 목줄이 묶여 있지 않았다. 온 가족이 둘러앉은 밥상머리를 힐끔대다 어쩌다 던져주는 뼈다귀를 뒤꼍에 숨어 혼자 뜯었다. 핥고 또 핥은 밥그릇은 반짝반짝 윤이 났었다.

 중학생이 되어 메리와 해피를 알고 난 후로 happy는 본 적이 없다. 존경한다고 하니 진짜로 존경하는 줄 알고 준다고 하니 진짜로 주는 줄 알았냐며 비웃는다. 공약(公約)으로 포장된 공약(空約)으로 쇠뇌 시킨다. 손 닿지 않는 장대 끄트머리 풍선 같은 행복을 매달아 과로에 지친 이들을 조금만 더 다그치며 희망을 고문하고 착취한다.
 그들이 말하는 행복이 수상하고 두렵다. 동물원 철창이 덜컥 열린다. 거리에 나온 동물들이 당황하여 노기를 띠고 으르렁거린다. 던져주는 죽은 살코기를 덥석 무는 사람들을 보며 어디가 진짜 동물원인지 알지 못한다.

 목구멍을 책임진다는 것은 잔인한 일이다. 먹이 한 덩이에 삶을 지배당하며 본능인 야생의 습성도 잊은 채 습관적으로 재롱을 떨며 살아간다. 구멍 난 신발에 꼬리를 감춘 동물이 가면 뒤에 숨어 뜬금없이 이모를 불러낸다. 살아남으려면 위축되고 순치된 마음살이에도 철문을 세워야 하는 세상.
　음험한 도시에서 맹수의 본능으로 서로를 물어뜯는다.

　스물 언저리 어디쯤 펄펄 끓느라 제풀에 녹아버린 꼬리는 흔적만 남았다. 빈창자를 움켜쥐고 종심(從心)을 너머 산수(傘壽)가 멀지 않은데. 일상의 틈새를 비집고 쳐들어오는 뜻 모를 허무에 휘청인다. 나를 버티게 해주는 절실함, 어쭙잖은 언어의 술래잡기에 끙끙대느니 차라리 철창 안에 그냥 있는 것이 좋았을지도 모른다.
　단칸방에 살다가 두 칸 방에 살다가 세 칸 방에 살다가 저 푸른 초원 위에 그림 같은 집을 그리다가, 어느 날 문득 단칸방이 그리워지면 평생을 쓰고도 남은 외로움과 슬픔을 홀로 빈 술잔에 채우는 것.

　해피, 부르면 달려와 팔랑거리던 꼬리가 그립다. 인연의 고리로 작은 행복을 나누던 것들이 사는 동안 고독으로 꿈틀거려야 하는 생명인 줄 알지 못했다.
　길을 잃었는지 어느 곳에 목줄이 매여 있는지 해피와 메리는 돌아오지 않는다.

수저의 변(辨)

 새끼들 입에 들어가는 밥숟가락이 세상에서 제일 보기 좋았더라. 천지를 창조하고 보기 좋았더라 던 하나님 말씀이 아니다. 목숨 부지하는 것이 전부였던 시절의 이야기, 맛집을 순례하는 요즘 세태에선 호랑이 담배 피운 옛날이야기로 들릴지 모르나 그리 오랜 이야기는 아니다. 골목길에서 마주치는 일상의 인사는 아침에도 저녁에도 '안녕하세요'가 아니라 '진지 잡수셨냐' 였다.

 올망졸망 둘러앉은 두레반상, 밥과 된장국, 밭에 키운 푸성귀가 전부다. 끼니를 때우기 급급한 부실함으로 허기지기 일쑤였다. 마당에 놓아 기르는 햇닭이 알을 낳기 시작했다. 내다 팔기엔 너무 작아 두 개를 풀어 밥솥에 얹어 쪄낸다.
 흘금흘금 아버지의 눈치를 살피는데 너희들 먹거라 말씀이 끝나기도 전 일제히 숟가락은 계란찜 종지에 박힌다. 힘에 밀린 막내는 빈 종지를 들고 돌아앉는 그야말로 전쟁이다. 힘세고 빠른 놈만 먹을 수 있는 불공정 게임이다.

그래도 푸근한 인심으로 여유로웠다. 사람이 두려운 요즘과는 다른 세상이었다. 먼 길가는 손이나 장을 떠도는 봇짐장수들이 하룻밤 묵기를 청하면 기꺼이 윗목을 내주었다. 숟가락 하나 얹어 저녁을 나누고 날이 밝으면 손사래 치는 엄마에게 참빗 하나 내어주고 길을 나선다.

금수저, 흙수저, 세태를 빗대는 잣대가 되었다.
누구든지 노력하면 꿈을 이룰 수 있던 날이 있었다. 심심찮게 매스컴에 나오는 개천에서 난 용들의 이야기는 더 나은 내일을 꿈꾸며 현실의 고단함을 견뎌내는 힘이었다.
여의주를 문 자들이 다 용이 될 필요는 없다며 그냥 개천에서 붕어와 개구리로 살면 된다는 출발선이 다른 불공정의 시대. 자식에게 금수저를 주지 못하는 부모들은 주눅이 든다. 금수저를 입에 문 이들은 그들만의 세상에 빠져 허우적거리고.

졸업식이 끝난 아직은 바람이 찬 3월 뽀얀 흙먼지를 날리며 동네에 검은 승용차가 나타났다. 귀밑에 솜털 보송보송한 계집

애들이 입 하나 덜고 밥 배불리 먹여준다는 난생처음 본 검은 승용차에 실려 서울로 갔다. 그들이 간 곳은 밥만 먹여주면 되는 식모살이 아니면 가발공장, 방직공장이었다. 어리광이 유난하던 옥이도 차에 실려 서울로 갔다. 며칠 후 검은 자가용이 다시 나타났다. 밥도 싫고 옷도 싫다 엄마 보고 싶다며 밤낮으로 울었다나. 차에서 뛰어내리는 철부지 딸을 안고 엄마도 울고 골목도 울었다. 눈을 부라리며 달아나는 검은 자동차 뒤로 먼지를 뒤집어쓴 느티나무도 우우웅 울었다.

어르신들에게 점심을 제공하는 곳이 있다. 일주일에 한 번 수백 명분의 식사를 준비하는 것이 결코 만만찮은 일이다. 자원봉사자들이 새벽부터 준비해서 시간을 맞추어 해내기가 쉽지 않은 일이다. 가끔 일손을 보태려 나서 보지만 아무나 하는 일이 아니다. 그래도 따뜻한 한 끼의 소중함을 아는 이들의 미소를 보며 마음이 훈훈해진다. 소박한 밥 한 끼에 세상을 다 가진 말간 표정을 짓는다. 능력껏 손을 보태주는 이들이 있어서 계속 이어갈 수 있다 한다.

앙증맞은 손에 쥐어진 숟가락, 엄마의 미소와 사랑 가득 오물오물 이쁜 입, 금수저도 흙수저도 아닌 사람을 살리는 불변의 진리는 밥숟가락이다.

그해 어느 여름날

　이미 놓쳐버린 것들을 놓지 못한다.
실체도 없고 닿을 수 없어 느낄 수도 만질 수도 없는 것을 한사코 사랑이라 우기며 살아간다. 수북이 쌓인 삼백예순날을 밀어 새해가 시작되었노라 새 달력을 건다. 새로움은 우리를 들뜨게 한다. 환호하는 신상 목록에 비껴간 시간을 슬쩍 밀어 넣는다.
　기다리고 있는 것이 무언지 모르기에 기대와 희망으로 설렌다. 보내고 맞은 숱한 새해를 떠올리며 생각을 다잡는다. 뭔지 몰라 설렘으로 기대하는 것, 하얀 숫눈으로 덮인 골목길 무균의 시간 속을 뽀드득뽀드득 걷고 싶어지는.
　사부작사부작 걸음에 닿는 물왕호수, 호조벌을 누비고 돌아 숨 탄 것들을 몰아 바다에 이른다. 물가에 앉아 불러낼 수 없는 것들을 불러본다.

생각은 뒤죽박죽 얽히게 마련이어서 겉돌고 휘청댄다. 옷깃을 스치는 바람에 먼지로 맴돌다 사라지는 것들로 아득해진다.

보이지 않는 바다 냄새가 물길을 따라온다. 갯골에 주저앉은 소금 집이 달아난 시간을 붙들고 있다. 내륙의 하천을 깊이 품은 물고기들이 수면으로 치솟고 호기심 많은 바다의 새들이 갯벌을 쑤셔댄다.

동력을 잃은 물줄기는 바다를 향해 기신기신 기어간다. 성 마른 바다가 팔을 뻗어 물줄기를 당겨 끌어간다. 해풍에 절은 뱃전에 낡은 깃발이 펄럭이고 어부의 바짓가랑이는 소금기로 버석거린다. 물고기는 썰물에 실려 바다로 돌아가고 새들도 숲으로 숨어들면 힘이 다한 물줄기는 어둠 속으로 빨려 간다.

번개 치듯 찾아온 가을, 통통하게 여문 메뚜기와 방아깨비 대가리도 벼를 따라 누렇게 익었다. 한철을 사는 곤충들에게도 가을이 왔다. 생로병사는 그들도 예외가 없으니 땅 위의 모든 곤충은 숨을 놓을 것이다.

여름내 물가를 혼자 서성였다. 서성인 게 아니라 퍼질러 앉아 있었다. 부를 수 없는 이름은 사랑이 아니라고 갯벌은 말하고 있었다. 빈약한 내 사랑은 노을이 붉게 번진 가을 바다로 떠밀리는 중이다.

   그해 여름은 비가 많이 내렸다. 초목도 벌레도 젖어 비린내를 풍겼다. 살아 꿈틀대는 것들은 젖은 몸뚱이 밖으로 각기 다른 냄새를 스멀스멀 밀어냈다. 이름과 부름 사이의 거리는 얼마나 될까.
   지천명 들머리에 넉 달의 시한 선고를 받은 그 여름밤, 촉수 낮은 알전구 아래 아버지의 팔에 붉거진 푸른 정맥은 아득히 멀고 낯선 시간의 빛깔이었다. 앙상한 팔뚝을 따라 희미해진 푸른 줄기는 가물거리다 겨드랑이 속으로 숨어버렸다.

   몸속 깊은 곳으로 사라진 선의 끝자락은 보이지 않았다. 정맥을 숨긴 죽지는 가죽만 남아 국수 반죽처럼 포개져 비슬댔다. 뒤척일 때마다 접힌 겨드랑 골 사이로 약해진 숨골이 들썩였다.
   발길에 차인 돌멩이처럼 사라진 핏줄은 할머니의 옛날얘기처럼 희미해졌다. 고향의 거름 내와 송진내가 엉긴 소맷자락엔 마주할 수 없는 눈빛이 허공을 맴돌았다. 미동도 하지 않던 시간이 풍선처럼 부풀었다. 헛것인가 화들짝 놀라 눈을 비볐다. 빗줄기 속에 번져오는 슬픔이 멀고도 가깝게 송곳처럼 날카롭게 찌르며 다가왔다.
   그날의 아비는 이방인처럼 낯설고 아득하니 가깝고 모호했다.

절박하고 희미하게 너무도 선명하나 닿을 수 없는 잡히지 않는 사랑이었다. 허우룩한 오늘을 지탱해주는 것도 사랑이다.

한 달 동안 눌러댄 하늘이 하늘 그대로인 제주, 받아본 적 없는 보살핌 속에 꿈같은 한 달의 여름 소풍, 한라산 아래 작고 아기자기한 알 듯 모를 듯 고운 이름을 가진 오름들 용눈이오름, 궷물오름, 사려니오름, 족은 노꼬매오름, 완만한 외관과 부드러운 선은 누구라도 품어 안는다.

정상에 오르면 사방이 트여 눈길은 시원하다. 일상에서 비껴나 맛집을 찾고 선조의 숨결을 만나고 알아들을 수 없는 방언의 생경함, 눈만 돌리면 보이는 쪽빛 바다. 피 흘림으로 검붉은 땅, 들여다볼수록 소중하면서 아픈 곳이 많은 섬, 얼마나 귀한 선물인지 예전에 미처 몰랐다.

마음 깊이 사랑으로 남았다.

바다를 본다.

물굽이에 한껏 밀려오는 바닷물이 출렁인다. 임무를 완수한 오늘은 페이드 아웃 중. 수평선 위로 자색 노을이 커튼처럼 펼쳐진다. 고요해진 바다에 만월이 뜬다. 누구나 타오를 때는 시간의 흐름을 잊어버린다.

어둠 속으로 사라져가는 빛 속에서 머뭇대던 별 하나, 그리움보다 멀고 깊은 반짝임으로 자신의 존재를 드러낸다. 어제, 오늘 그리고 내일도 태양은 모든 생을 비출 것이다.

 새로운 시간의 어깨에 허전한 마음을 슬쩍 얹어 사랑이라 불러본다.

장소의 기억

　보호자 간이침대에 몸을 누인다. 아무런 연고도 인연도 없는 사람들이 커튼으로 분리된 한 공간에 나란히 누워 색이 바뀌는 창밖을 본다. 목마름으로 거닐던 마로니에가 있는 대학로다. 최고의 의술을 자랑하는 병원이구나 관심 밖이었다. 생과 소멸이 공존하는 담장 넘어 왕가의 500년은 평온하다.
　무심한 계절은 다시 봄을 피우는 중이다.
기약할 수 없는 다른 봄을 맞는 얼굴엔 표정이 없다. 붙들린 자리에 명패를 걸고 빼앗긴 일상을 허공에 그리는 중이다. 가라앉지 못하는 무거운 불안이 먼지처럼 부유한다.
맞닥뜨린 실체를 가늠하지 못하는 앳된 얼굴, 푸른 정맥으로 사라지는 무색 링거와 뽀얀 민머리가 애처롭다.

누군가를 온전하게 품는 일은 엄마의 몫이었다.

외래나 입원 환자를 돌보는 이는 딸이자 누군가의 엄마다. 낮고 좁은 자리에 숨죽인 채 엎드려 어떻게든 피붙이가 무사히 건강한 모습으로 돌아갈 수 있기를 음습한 천장에 단단하게 새기는 중이다.

사랑하는 가족이라는 명분만으로 인간이라는 도리만으로 감당할 수 있는 일이 아닌지도 모른다.

지리멸렬한 시간이 언제까지 지속할지 알 수 없다. 힘껏 품고 또 품어도 서로를 지탱해주던 끈끈한 그 무엇이 어느 순간 툭 끊어져 버릴지 알 수 없는 일이다.

협소한 자리의 불편함 때문이지만 커튼 사이로 숨 막히는 적막과 불시에 적막을 깨는 간호사들의 웅성거림, 종종대는 발걸음, 가래가 끓는 소리와 다급한 보호자의 외침, 익숙하지 않은 낯선 소음으로 잠을 설쳤다.

복도에 건장한 남자가 수액 걸이를 밀고 온다. 아이를 태운 휠체어를 미는 젊은 엄마의 등 뒤로 햇살이 환하다. 아이는 앞으로 나아갈 길을 보고 노인은 걸어온 길을 돌아본다.

무언지 모르고 내딛는 걸음이면 그건 아직도 남은 시간이 많다는 의미이다.

내일 또 태양이 뜬다지만 미끄러짐의 한계까지 남은 시간은 얼마나 될지. 치료 가능성의 비율은? 입 밖에 내기 두려운 그 날이 여름의 한가운데를 통과하는 민달팽이처럼, 천천히 아주 천천히 다가오기를 아니 오지 않기를 바라는 간절함으로 외면한다.

누구도 알려 주지 않는 언제까지라는 물음 앞에 두렵지 않은 이는 없다.

동병상련이 흐르는 밤.

동생이 잠결에 앓는 소리를 낸다. 이마에 손을 얹어본다. 계속되는 미열. 자꾸만 한쪽으로 기우는 몸을 뒤척인다. 반복되는 주사와 투약으로 간호사들의 종종걸음은 밤에도 쉴 틈이 없다.

병실의 밤은 하루의 수고와 소란을 내려놓는 평화와 안식의 시간이 아니다.

동생이 보고 있는 내 수필집에 한 환자가 관심을 보인다. 보호자인 내가 저자라니 사인을 해달라며 내민다. 전순옥, 전두환 전 자에 순옥이에요. 저자를 직접 보는 게 처음이라며 환자복 위로 무구한 미소를 짓는다. 병실에서 만난 독자라, 낯설지만 진심으로 간절한 마음을 꾹꾹 눌러 담아 '완쾌를 빕니다' 써주었다.

지하 식당을 찾는다. 때가 지나 사람은 한결 뜸하다. 칸막이가 되어있는 자리 드문드문 앉아 밥을 먹는 얼굴들은 한결같이 무

표정이다.

  지하에서 헤맨다. 늘리고 연결하느라 개미굴처럼 온통 미로다. 짐작으로 가보면 막혀있어 다시 지하로 내려가 왔던 길을 되돌아도 출구는 엉뚱한 곳을 가리킨다. 엘리베이터를 탔다 내렸다 반복하며 미로를 익히는 중이다.

  교대 시간, 간호사의 잰걸음 뒤로 해가 저문다.

  담당의 회진 시간, 의사의 입술에 신경을 곤두세운다. 가슴에 와 박히는 반반이라는 삶과 죽음의 비율, 좋아졌다는 수치는 공허한 말뿐이다. 내일을 살아갈 희망은 안개 속처럼 실체를 보여주지 않는다.

  이 기다림의 끝에 무엇이 있을까.

눈부신 의술의 발전과 요즘은 약이 좋아 다 치료된다는 그 말을 주문처럼 중얼거린다. 입원과 치료, 견디고 퇴원하고 다시 입원이다. 폐렴이 와서 산소호흡기를 달았다.

면역력이 떨어진 환자에게 치명적인 떠올리고 싶지 않은 기억, 집안 어른들을 하늘로 부른 것도 폐렴이었다.

나눌 수 없는 실존의 아픔, 넘어가지 않는 음식을 꿀꺽 삼키며 이 또한 지나가리니 시간의 비방에 주문을 걸었다.

며칠을 고열에 시달리다 폐렴은 떨쳐냈다.

강렬한 계절의 대궁 속으로 팽창하는 여름 냄새, 여름이 숙성하는 것들로 펄펄 끓는다. 들에서 온 엄마는 서둘러 밀가루 반죽을 한다. 감자를 썰어 넣고 수제비를 끓인다.
보리밥을 짓기에 늦어진 저녁 막내는 이미 곯아떨어졌다. 매캐한 모깃불 연기가 밥상 위로 번진다.

　입맛을 잃은 동생이 김칫국을 찾는다. 엄마가 무시로 끓여낸 김칫국, 엄마 맛을 흉내 낸 김칫국을 맛나게 먹는다. 무성한 여름 위로 폭발하는 생명처럼 동생에게도 새잎이 돋는 여름이길 간절히 빌었다.
　가로수 이파리가 조금씩 바래지더니 붉어지고 있다. 텃밭에서 키운 무, 동생은 꽃보다 예쁘다며 웃었다.
동치미를 담아놓고 다시 병원으로 갔다. 오랜 시간 함께 해준 간병인이 휴가를 갔다. 미뤄진 이식을 이번에 꼭 해야 한다는 의사의 말이 반갑다. 이식을 할 수 있어 얼마나 다행인지 모른다. 꼭 맞는 형제가 있으니 이제 다 나은 것이라 믿었다.

　시간은 어떤 기억을 희미하게 더러는 선명하게 만들기도 한다. 장소는 기억을 헤집어 곁을 떠난 사랑하는 이들을 우리 앞에 자꾸만 불러온다. 어둠은 애써 외면하고 아주 작은 빛 한 줄기

잡아 보려 안간힘이었다.

  병원 지하 빵집, 같은 브랜드지만 동네엔 없는 맛난 게 많아 항상 긴 줄이 서 있다. 빵집도 식당도 단번에 찾아 미로를 헤매지 않아도 되게 되었는데.

  가는 숨이 호스를 드나들며 산소포화도가 하강 곡선을 그리는 시간, 절벽인 사내는 동생이 그토록 가고 싶어 하던 집으로 가고. 숨을 놓으니 몸을 옥죄던 사슬이 풀렸다.
음침한 개미굴을 지나니 하늘로 가는 열차가 입을 벌린다. 하룻밤 기다려 겨우 차지한 그 미로의 방에 감옥을 벗은 육신이 꽃덩이처럼 활짝 웃는다.

  사랑도 미움도 손 닿지 않는 후미진 벽 사이로 자꾸 눈이 부신 유월, 천 마디 말 안으로 눌러 담아 난(亂) 분분(紛紛) 고운 꽃으로 나직한 하늘 끝자리 별이 되었다.

쓰레기 섬

 코로나로 세상이 감옥이었던 날이 언제였지? 마스크 두 장을 얻으려 비를 맞으며 약국 앞에 길게 줄을 섰던. '불변의 진리' 이 또한 지나갔다. 공포로 다가와 마스크 쓴 것이 오히려 편해질 무렵 코로나는 감기나 독감처럼 친숙한 척 슬그머니 우리 곁에 주저앉았다.

 세상을 멈춰 세운 코로나 초기, 미세먼지도 사라지고 지구가 살아났다는 호들갑스러운 뉴스에 귀가 솔깃하기도 했다. 중국에서 날아온 황사와 미세먼지로 마스크가 필요하던 참이었다.

 청량한 하늘을 보며 날벼락 같은 재앙이 병든 지구를 살리려는 신의 한 수일지도 하는 생각이 든 적도 있다.

신의 착오였는지 뜨거워진 지구는 코로나 이전보다 훨씬 중병을 앓고 있다.

 관련 업계에 의하면 코로나바이러스 감염증으로 우리나라에 버려진 마스크가 매일 2,000만 개 정도, 한 해에 대략 73억 개가 버려지는 셈이다. 인간을 살리는 필수품으로 자리 잡은 마스크가 환경오염의 주범이 되어버린 것이다.

주원료가 폴리프로필렌인 폐마스크가 완전히 썩으려면 450년이 걸리는 것으로 알려졌다. 버려진 마스크 끈이 야생동물의 생명을 위협하는 족쇄가 되고 해양 생태를 위협하는 괴물이 되었다니 설상가상 엎친 데 덮친 격이다.

 포장재와 일회용 물품이 넘쳐난다. 편리한 배달 음식으로 아이스 팩이나 스티로폼 각종 충전재, 썩지 않는 플라스틱의 배출은 상상을 초월하게 많아졌다. 자신은 죽지 않고 주변세포를 궤멸시켜 숙주를 죽이는 암세포처럼 편의성에 더한 이기심이 온 세상을 망가뜨리고 있다.

 창조주의 명을 받은 지상의 모든 숨 탄 것 들은 숨을 다 하면 썩어 순하게 자연으로 돌아간다. 인간의 편의를 위해 만든 것들이 죽어도 죽지 않는 부메랑이 되어 뭇 생명을 위협한다.

마스크뿐 아니라 비닐 포장지는 몇백 년이 지나도 썩지 않는다. 88올림픽이 열리던 해 제조 일자가 선명한 과자 봉지가 태평양 쓰레기 섬에서 발견된 보도를 보았다.

2019년 3월 미국 CNN 보도, 마늘의 주산지 의성의 작은 농촌 마을에 폐기물 등 온갖 쓰레기가 산처럼 쌓여 있는 현장을 보도했다. 축구장 두 개만큼의 넓이에 3층 건물의 높이였다. 한 폐기물 처리업체가 허가받은 양의 90배가 넘는 폐기물을 방치한 것이다. 주변 환경을 오염시키고 주민들의 건강을 해치게 되자 지자체인 의성군에서 폐기물을 모두 처리하고 부지는 환경 교육 공간으로 탈바꿈시켰다.

　방치된 쓰레기는 빗물에 쓸려 바다로 간다. 쓰레기는 거대한 섬을 만들었다. 하와이 북동쪽으로 1,600Km 지점 일본과 하와이섬 사이 태평양에 떠있는 거대한 쓰레기 섬. 지금까지 인류가 만든 인공물 중 가장 큰 규모이다. 우리나라의 약 16배 정도 크기에 무게는 8만 톤이나 된다.

　쓰레기가 한곳으로 모여 섬을 이루게 된 것은 원형 순환 해류와 바람 때문으로 알려졌다. 썩지 않고 부딪치고 부서진 플라스틱은 작은 조각으로 분해되어 바닷물에 미세먼지처럼 섞인다.

　이런 것들로 인해 수많은 해양 생물들이 피해를 보고 있다. 빨대가 코에 낀 바다거북은 호흡 장애로 생명의 위협을 받고 있다. 아귀를 잡아 보니 500ml 생수병이 들어있었다.

　쓰레기 섬 주변 지역에서 잡힌 어류의 35%는 뱃속에 미세 플라스틱이 있음이 확인되었다.

 어제 점심 식당에서 맛나게 먹은 갈치 조림 5g엔 27개의 플라스틱 조각이 있다니 물고기와 인간의 먹이사슬은 이제 우리도 미세 플라스틱에서 벗어날 수가 없다.

 태평양에 가까운 나라들이 자원하여 청소하자는 주장이나. 쓰레기 섬 대부분은 영해가 아닌 공해(公海)인지라 어느 한 국가가 나서 처리하기란 쉬운 일이 아니다.

 굴은 필터를 통해 바닷물을 걸러낸다.
미국 체서피크만에 사는 굴은 지역 전체의 물을 3~4일에 한 번씩 완전히 정화 시킨다는 보도가 있다. 굴 한 마리가 시간당 5리터의 바닷물을 걸러낸다고 한다.
미물인 굴도 삶의 터전을 위한 정화 작용을 하는데 지구를 병들게 만든 주범, 인간인 우리는 무엇을 해야 할까. 임자도 아니면서 잠시 빌려 쓰는 집을 망가뜨려 아무런 잘못도 없는 후손들에게 무책임하고 파렴치한 조상이 돼서야 하겠는가. 병들어 썩은 지구별을 물려주고 내 새끼, 내 예쁜 손자녀들이 건강하게 잘 살기를 바랄 수 없지 않은가. 굴이나 조가비가 바다를 맑힐 수는 없는 노릇이다.

날마다 쓰레기를 만들고 버리는 인간 세상의 구조적인 문제를 어찌해볼 수 없더라도. 박스에 붙은 테이프를 제거하고 마스크 끈은 잘라 버리고 될 수 있으면 비닐 사용을 자제하고, 시장바구니를 들고 배달은 줄이고 분리수거는 더 열심을 내야 할 것 같다. 이 지구별의 건강한 내일을 위해 작더라도 내가 감당할 울력이 있는지 찾아볼 일이다.

올해도 어김없이 봄눈 맞으며 덤불에 숨어 핀 민들레 한 송이가 남녘에 주춤대는 봄 향기를 북으로 북으로 밀어 올린다.

센 놈

전화기가 부르르 떤다.
무심결에 열어보다 놀라 전화기를 떨군다.
우리가 겪는 슬픔 중 최상급 포식자는 죽음이다. 이 매머드급 슬픔 앞에서 지질한 조무래기들은 순식간에 꼬리를 감춘다. 누구도 대적할 수 없는 상황의 종결자이며 천적도 없다.
동물의 무리 중 강한 수컷이 우두머리로 등극하듯 해일처럼 덮친 큰 슬픔이 잔챙이를 제압한다.

부유 생물 플랑크톤이 새우, 고등어, 다랑어 참치에서 상어로, 상위 포식자에게 잡아먹히는 바닷속 먹이사슬, 옹달샘이 실개천으로, 빗물이 강물 따라 바다로, 바람과 구름마저도 강한 것에

게 포위되고 권력과 자본도 약한 것이 강한 놈에게 흡수합병 되어 돌아가는 세상살이 삶의 정글처럼 슬픔도 약육강식이다.

 사랑하는 가족의 죽음에 견줄만한 슬픔은 없다. 컴컴한 바닷속을 활개 치는 심해어처럼 조용히 다가와 음험한 아가리로 덥석 물어 삼킨다. 이해나 해석이 필요 없다. 불문곡직, 한생을 무질러버리는 끝판왕이다.
 소소하고 자질구레한 걱정 따위는 일순 무화시켜 버리는 무소불위 앞에서 엔간한 슬픔은 정말이지 아무것도 아니다.
 실상은 별것도 아닌 조무래기들을 산사태가 휩쓸어 버리듯 순식간에 집어삼킨다. 불쑥불쑥 고개를 내미는 어깨통증도 없는 듯 숨어 있다가 무시로 폐부를 찔러대는 해묵은 말가시도 어디론지 숨어버렸다. 꼬리를 자르고 도망치는 도마뱀이나 카멜레온처럼 색깔을 바꾸고 몸뚱어리를 한껏 부풀려 실제보다 큰 존재인 양 허풍떨며 일상의 평화를 영위해 나간다.

 상실의 시간, 줄줄이 마주한 피붙이들과의 이별에 형언할 수 없는 무력감만 뼛속까지 확인했다. 영혼의 집인 육신의 소멸, 그래도 고통 없는 나라에 들었으리라 자위하던 중 느닷없는 침입자를 몰아내 한숨 돌린 게 불과 얼마 전인데 이번엔 더 센 놈이다.

정작 심경은 헤아리기 어렵고 할 말이 궁해 전전긍긍 속만 태웠다. 코로나로 헌혈이 줄자 병원마다 혈액이 부족해 아우성이다. 헌혈자를 수소문하고 서툰 간병인으로 허둥대느라 마음은 한없이 분주했다.

 먼저 항암치료를 한 후에 조혈모세포 이식을 해야 한다는. 그것이 얼마나 힘든 과정인지 막연하고 이식 말고는 방법이 없다는 의사의 전언에 그냥 멍할 뿐이었다.
이 나라 최고의 의술을 믿고 기다리는 거 말고 할 게 없다. 생의 시계가 멈출 수도 있다는 불안감이 거미줄처럼 목을 옥죄었다.

 코로나에다 경제불황이 몰고 온 고물가와 한파로 얼어붙은 세밑 새 달력이 벽에 걸렸다. 보이지도 않는 적을 상대로 온몸으로 대적하는 동생에게 싸워 이기려 하지 말고 견뎌, 견디다 힘들면 버티는 거야. 앉은 자리에서 견뎌내야 한다. 한겨울 추위나 아픔은 이기는 게 아니라 온몸으로 부딪혀 통과해야 한다.
불사조처럼 버텨 살아남아야 한다. 슬픔보다는 아득하고 멍한 속수무책이다.

 일주일 전 마주 앉아 밥 한 그릇 나누고 윗집 마실 가듯 찾은 병원, 그 병원을 믿고 안심하고 있다 날아온 부음은 뒤통수를 망치로 맞은 듯 충격이었다.

  자전거에 나를 태우고 덜컹대는 자갈길을 달리던 두 살 위 소년의 숨소리…….

기억도 없는 엄마를 대신한 할머니 품에서 외로움 가득하던 눈망울만 목에 가시처럼 남았다. 잡았던 손의 온기는 아직도 생생하다. 앞으로 내닫느라 보이지 않던 푸른 날을 뒤로 푸근한 석양을 함께 바라보자던 엊그제 보았던 얼굴이 국화 속에 사뭇 낯설다. 사랑과 욕망, 미움까지 삶의 경험적 근사치를 모두 불러 죽음을 엿보려 애를 써보아도 공유한 시간만 사방으로 흩어진다.

  의사는 이식이 잘되어 기적이라 했다.

6개월의 적응 기간만 지나면 가을엔 손잡고 제주도에 가기로 했다. 나이 들며 언뜻 선뜻 부모님이 보이는 서로를 바라보며 깔깔거려 보고 싶었다. 삶에 밀려 휴가 한번 같이 가본 적 없는 자매들의 여행을 누구도 의심하지 않았다.

  죽음이 덮친 슬픔은 센 놈이다.

살얼음판을 걷던 일 년 반의 시간은 얼음물 속으로 가라앉았다. 가슴 깊이 봉인된 슬픔은 어떤 일에 몰두할 의지도 맛난 음식도 생각나지 않는다. 친구를 만나거나 어디를 가고 싶은 의욕도 송두리째 무질러버렸다. 눈만 뜨면 나타나 모든 생각을 주저앉혀 저만 생각하라 머릿속을 휘젓는다.

어떤 말도 무엇으로도 위로가 되지 않는다.

속수무책.

그래도 힘내라는 공허한 말을 부여잡는다.

닮아 가는 중

입주를 앞둔 아파트에 조경 공사가 한창이다.
어디서 왔는지 알 수 없는 키다리 소나무와 여러 종의 나무들이 용도와 구색을 갖춰 자리 잡는 중이다. 언제부턴가 소나무가 도심으로 들어왔다. 팔다리 다 잘리고 지지대와 그물로 포박된 죄수의 형상이다. 높이를 보면 수령이 어린 것 같지는 않은데 아마도 고층 건물과 조화를 맞추려고 그리된 것은 아닐까 싶다. 새터에 발을 뻗으려면 나무는 한동안 몸살을 앓을 것이다.

나무는 땔감이었다. 나무를 베어다가 불을 땔 때 밥도 짓고 국도 끓이고 물도 데우면 온돌은 따뜻해져 난방과 취사를 한 방에 해결했다. 난방이 필요 없는 여름엔 마당에 솥을 내걸어 밥을 지어

나무가 많이 필요하지 않았다.

농한기인 겨울은 땔감을 베어 읍내 장에 내다 팔았다.

눈이 오기 전에 땔감을 저장해 놓느라 하루도 거르지 않고 산을 올라야 했다. 베어내기만 하는 산은 민둥산이 되어 아버지의 걸음은 더 깊은 산중으로 가야 했다.

  마을 어귀에 느티나무가 있다. 수령이 백 년, 삼백 년 아니다 더 많다 이견이 분분했다. 정월엔 나뭇잎이 보름달 사이에 걸리고 단오가 되면 굵게 꼬아 만든 동아줄로 그네를 달았다. 여인들은 그네를 타며 고된 농사일이며 시집살이의 시름을 훌훌 날려 버리는 듯했다.

  학교 오가는 길목이니 참새가 방앗간 들르듯 아이들은 그네에 올라 새처럼 날았다. 겁이 많아 높이 솟구치는 그네는 엄두도 못 내었다.

  '얼마나 재미난대.' 미적대는 나를 밀어 올렸다. 친구의 힘찬 발 구름에 그네는 나무 높이만큼 날아올랐다.

눈도 못 뜨고 혼비백산 후로는 그네 옆에는 얼씬도 하지 않았다. 날이 저물면 검어진 잎사귀 저편으로 조각난 달이 얼굴을 내민다. 아낙들은 고단한 몸으로 혼곤한 꿈속을 거닐고. 집안의 든든한 어른인 양 하늘을 향해 두 팔을 들어 올린 느티나무는 나목도 귀골이었다. 길게 드리운 그림자는 천상의 것 인양 고요하니 듬직했다. 꽁꽁 언 하늘에 낙서처럼 펼친 가지마다 소리 없이 찾아오는 하얀 손님을 넉넉하게 받아 안았다.

 천수를 넘었다는 용문사 은행나무. 아직도 가을이면 황금빛 진주를 주렁주렁 내걸어 살아있음을 증언한다.
만고풍상을 겪으며 지나온 세월의 무게만큼 위엄이 있다. 굽은 나무가 선산을 지킨다는 것도 옛말이 되었다.
 제 결대로 자라는 것이 아니라 원하는 모양을 만들고자 철사로 감고 비틀려져 예술이란 새로운 이름표를 받는다.

 미끈하게 뻗은 근육질의 몸매를 가진 나무는 껍질을 벗고 기품을 입는다. 풍광을 압도하는 울림으로 쌓여 세월이 더할수록 빛을 발한다. 낡은 고향 집을 지키는 비틀린 대들보가 마른 입을 열어 속삭인다. 새끼들이 떠난 둥지에 홀로 남은 어미는 골목을 돌아온 바람에 소식을 전한다.

 이제 느티나무는 그네를 달지 못한다. 휘어지고 삭아 내린 옆구리는 수형을 잃은 지 오래다. 순을 내지 못하는 가지는 꽁지 빠진 수탉을 닮았다.

지팡이에 기대어 흔들리며 지나간 기억의 우물물을 따뜻한 회상으로 길어 올리고 있다.

그네에 올라 새처럼 날던 동무들과 함께 느티나무를 닮아 가는 중이다.

몸과 마음의 거리

 스무 살은 나이가 아니라 눈부심이다. 어느 시인의 말이다. 부드럽고 달콤한 첫사랑이 봄바람처럼 스쳐 가는 줄도 알지 못한다. 힘도 없으면서 괜히 입만 고약한 길냥이처럼 야옹거리며 별의 뒤통수만 그리는 사이 여름 감기처럼 슬며시 왔다 간다.
 스무 살은 젊은 날 어디쯤엔가 떨군 고귀한 보물 상자, 살면서 두 눈이 시리도록 그리운 초원이다. 펼쳐보지도 못한 날개는 생채기만 남기고 유성처럼 순식간에 사라져 버린다.
 나이에 따라 세월의 속도는 다르게 흘러간다는 말처럼 스무 살은 더디기만 했었다. 얼른 나이를 먹어 어른의 간섭과 통제에서 벗어나고 싶던, 서러워할 봄도 없이 사느라 아무것도 생각나지 않던 사계(四季), 타오르던 그때는 나이도 시간의 흐름을 알지 못해 허공에 두른 울타리엔 겨울 동백꽃만 흐벅지게 피었다.

몸을 옥죈 밧줄을 풀어 노을에 물든 하늘에 펼쳐 놓았다. 까치발 걸음으로 늘 뒷줄에 서서 안으로 삭인 울음은 꼬불꼬불 파마머리에 감겨 있었다.

평퍼짐한 허리에 염치도 교양도 내려놓고 고무줄 바지처럼 편하고 뻔뻔한 아줌마가 되었다. 손빨래로 다림질한 흰 셔츠와 기름 묻은 작업복을 입은 사내들이 사는 대문 밖은 전쟁터였다.

뻘 같은 경기장에서 달팽이처럼 새끼들을 둥지에 담아 머리에 이고 막무가내 한강 다리를 건너왔다.

아침 햇살이 이불깃을 파고든다.
편안한 일상처럼 요란하게 반짝이지 않는 은은(銀)한 목걸이가 어울리는 나이, 알람을 맞추지 않아도 지옥철에 몸이 떠밀리지 않아도 되는 느긋함, 코뚜레를 벗은 소처럼 나날이 맨도롱 풀밭이다. 느릿한 걸음으로 운동장을 가로지르는 고양이. 창문을 여니 선잠 깬 바람이 문안한다.

예상치 못한 이상한 은(silver)들이 나타났다. silver 우대의 가면을 쓴 상품들이 허름한 주머니를 향해 달려든다.
실버 보험, 실버타운, 이건 또 뭔가. 골드 로얄, 다이아몬드, 브이 아이피, 본적도 누려본 적도 없는 허울을 밀치고 음침한 뒷골목 겨울 햇살처럼 관절염, 고혈압, 당뇨, 치매, 난감한 복병들이 스멀스멀 파고든다.

다시 또 안개다. 아찔한 유혹도 상큼한 향내도 없는 누런 갈대밭이다. 한 번 잠들면 깨어날 수 없는 잠이란 놈이 천망을 흔들며 따라오니 내달릴 수밖에 없다.

지나온 굴곡마다 할 말이야 있지만, 동력이 사라진 빈 수레 처지에 얌전히 있는 게 상수 아니겠나.

힘을 못 내는 무릎과 깜빡거리는 기억력, 늘어나는 흰머리 민낯으로 나서면 반짝이는 세상을 칙칙하게 만드는 경범죄라 면박이니 그늘에서 어슬렁거린다. 닥치고 어르신이라며 지하철과 고궁은 두루 공짜에다 천만 영화도 반값이다.

적자를 내는 의료보험을 잘라 먹는 주범이라 눈총을 준다. 빨리빨리 돌아가야 할 노인들이 너무 오래 사는 것이 비극이라지만, 몸 따라 늙지 않는 마음이 더 비극인지도 모른다.

하늘 향해 주먹질하며 별만 보고 오르막을 내닫는 철새들을 따라왔다. 뻔히 예정된 길을 막아서듯 눈앞은 내리막길이다. 내 것인 듯 아닌 호흡이 어긋난 틀니처럼 삐걱댄다. 늙지 않고 오래

살고 싶은 마른번개가 번쩍인다.
모순의 벼랑에 진즉부터 내 안에 살던 능청스러운 애늙은이는 어디로 숨었는지 잠잠하다.

   지구별은 여전히 돌고 길섶엔 철 지난 야생화도 몇 송이 피는 중이다. 젊음이 노력으로 받은 상이 아니듯 늙음도 잘못으로 받는 벌은 아니라지만 언제부터 나이가 곧 늙음이 되고 늙음은 나쁜 것이 되었을까.
   세상은 여전히 배울 것 많고 처음인 것들로 넘친다. 움츠러드는 몸과 밖으로 뻗는 마음의 틈새에 아무도 모르는 사랑 하나 살며시 갖고 싶은, 번지는 노을 따라 첫사랑에 가슴 뛰던 아득한 그 날처럼 나도 모르게 자꾸만 마음이 붉어지는 저녁이다.

4부

겨울(冬)

 붉으므로 타오르던 가을의 바통을 넘겨받은 세상은 얼음판이다. 미끄러져도 달리기는 멈출 수 없다. 정해진 거리를 달려야 한다. 박수 쳐주는 이 없어도 얼음물에 빠져도 할당된 거리를 이어 달려야 한다. 최선을 다해 안전하게 바통을 넘겨주어야 한다. 그것이 지구별에 불려나 온 주자들의 운명이다.
 예측할 수 없는 환경에 살아남으려면 끝없는 업데이트와 자기 복제된 유전자로 유한한 목숨을 무한으로 존속시켜야 한다. 그 임무를 완성하기 위해 민들레 홀씨는 산을 넘고 양양의 연어 떼는 알래스카만을 돌아 남대천을 거슬러 오른다.

 언 땅에 잠든 개구리, 도마뱀은 꿈속에서 별을 헤고 있을 것이다. 부지런히 도토리를 주어 모은 다람쥐, 두툼한 지방으로 허리를 불린 곰들도 늦장가든 아들의 첫 손자를 기다리는 이웃집 여자도 손가락을 헤며 봄을 기다리는 중이다.

승리가 목표인 싸움 말고 길가에 온갖 먼지를 뒤집어쓰면서 꽃피우고 씨 맺는 풀꽃들처럼 제 몫을 다하는 것이 인생 아닌가. 사계(四季)의 변주는 그렇게 힘껏 살아내는 것들의 향연장이다.

오늘 밤,

눈 내리는 창밖을 바라보다가 내가 나를 가만히 안아본다.

엄마 맛

　육개장, 장례식장의 단골 메뉴이다.
육개장을 처음 먹어 본 것은 교복을 벗고 사회로 나선 날이다. 직원이래야 사무실을 지키는 여직원 둘에 아버지뻘의 과장, 삼십 초반의 사장이 전부였다. 점심에 신입사원 환영이라면서 함께 먹은 것이 육개장이었다. 앞머리가 훤히 벗겨진 과장이 대부분 자장면인데 오늘 특별히 선심을 쓰는 것이라 했다. 도시락과 집밥 말고 먹어 본 것은 자장면이 전부였다. 뻘건 기름이 둥둥 떠 있던 것 말고는 맛이 어땠는지 기억은 없다. 후로 일하면서 점심때면 오늘은 무얼 먹지?
고민하다 뜨끈한 국물이 좋아 만만하게 골라 먹는 콩떡 중 하나였다.

살바도르 달리의⟨기억의 지속⟩

흐물거리며 무너져 무기력하게 누워있는 마른 나뭇가지와 사물 위에 구불구불 타원형으로 널브러진 현실을 벗어난 황량하고 위태로운 녹아내린 시계, 각자의 다른 시간을 살고 있는 그림 속 시계, 의미를 상실한 기이한 이미지는 축적된 기억이 왜곡되고 망각한 채로 존재한다.

피안(彼岸)을 꿈꾸지만, 차안(此岸)에 갇혀 되돌리고 싶은 지난 시간을 들춰낸다. 녹아내린 시계, 그림이 아니라 풀 수 없는 수수께끼 아닌가.

지난해 설을 코앞에 두고 괜히 분주하던 날 이 세상에 고장 난 시계가 그리 많다는 것을 처음 알게 되었다.
앞과 뒤 층층 마다 우리 삶의 한편에 움직이지 못하는 시계들이 즐비했다. 깊고 음습한 그 터널에 갇히던 날은 깊이를 알지 못해 걸음만 바장였다. 초침 소리만 떡국 한 그릇 대보름 달빛 속으로 잦아들었다.

처음 보는 낯선 세상을 두리번거렸다. 괜찮아 별거 아닐 거야, 애써 외면하면서 믿고 싶지 않았다. 요즘은 약이 좋아 다 고친다는 의술의 내밀한 힘에 기대어 재깍이는 소리를 뒤로 그곳을 지나가면 될 거로 생각했다.

한 생이 녹아내리며 모든 관계 맺고 있던 고리가 단절되고 있음을 깨닫지 못하고 있었다. 끝이 보이지 않는 입원과 퇴원이 반복되었다. 최고의 의료진이 선택한 약물은 부작용과 효험, 두 개의 뿔이 달려 있었다. 조심스레 권하는 보험이 적용되지 않는 고가의 신약은 또 하나의 뿔이었다. 그 뿔이 안전한지 모르나 감당할 수 있음에 감사하고 안도했다.

태풍이 지나가듯이 이 또한 출렁이며 지나가는 과정이라 굳게 믿었다.

익힌 것 말고는 먹을 수 없다. 멸균 식 보기만 해도 입맛이 달아난다기에 생각해 낸 것이 육개장이었다. 푹 삶은 한우를 결대로 찢어 국산 야채를 골고루 맵지 않고 슴슴하게 끓였다.

일주일 내 육개장만 먹었다며 '엄마 같은 언니야 엄마 맛이 나네' 한결 기운이 난다며 웃었다. 기억도 희미한 엄마 맛을 맞추려면 지지고 볶아야 맛이 나련만 푹 삶는 거 말고는 방법이 없다. 바닥난 면역력에 살짝 기름기만 비쳐도 설사를 하니 하루하루가 살얼음판이었다.

이식 말고는 방법이 없다고 의사는 말했다. 선택의 여지가 있음은 나을 수 있다는 다짐으로 들렸다. 표적 치료가 끝나면 항체가 일치하는 형제가 있어 이식만 하면 되는 것이었다.

이식하던 날, 나란히 누운 두 동생의 육신이 난도 당하는 환상에 종일 휘청거렸다.
이식이 끝이 아니라 육 개월의 파고를 넘어야 한다는 말에 중력을 잃어 부유하는 시간도 육 개월만 지나가면 되는 것이라 믿었다. '해봅시다.'라는 의사의 애매한 눈빛의 의미도 거의 기적은 기적이 아닌 것도 그때는 알지 못했다.

　이식한 지 넉 달이 지났다.
매일 매일 몸은 쇠약해지고 정신마저 몽롱해져 잠들고 눈뜨면 현실 너무 힘들다는 하소연, 그래도 힘을 내라는 허망한 말뿐, 해줄 게 없었다. 느리게 움직이던 시곗바늘이 숨을 고르다 더는 가지 못하고 어쩌면 영영 멈출지도 모른다는 불안감에 시달렸다.

　마트로 달려갔다.
간절한 마음을 담아 육개장을 끓였다.
텃밭 둑에서 뜯어 쌀가루와 얼려둔 쑥으로 개떡을 쪘다. 현관문을 들어서는 순간 들고 간 냄비를 떨어뜨릴 뻔했다. 불과 며칠 사이에 너무도 달라진 낯선 모습이었다.
동생을 두르고 있는 잿빛 그림자, 고개를 들어 나를 바라보는 얼굴은 표정도 온기도 사라졌다. 정신을 가다듬고 손을 잡았다.

끝내 빠져나오지 못한 터널, 그토록 떠나고 싶어 하던 하얀 벽 틈새엔 흐물흐물 원형을 잃은 시간이 게딱지처럼 붙어있다.
　커튼 사이로 흐느적거리는 시계들이 숨죽인 채 서로를 지켜본다. 침묵이라는 불안한 희망이 먼지처럼 부유한다. 어디로 가는지 궁금해하지도 않고 알려 주는 이도 없다.

　이 순간 목격하는 것들은 동시에 회상으로 밀쳐진다.
삶과 죽음의 경계를 오가는 이곳은 생의 깊은 낯섦과 덧없음만 아프게 자각한다. 아무도 동행할 수 없는 이 걸음은 태양처럼 정면으로 바라볼 수도 없다. 누구에게나 공평한 물리적인 시간이지만 심리적 시간은 절대 똑같이 주어지지 않는다. 의식의 시간은 날카롭게 구불구불 제멋대로 흐른다.
　방울방울 떨어지는 링거와 노란 오줌주머니는 억류되어 녹아내린 또 다른 시계였다. 펄펄 날아 장타를 날리던 경주마는 주렁주렁 호스에 포박되어 수인이 되었다. 자신의 통제를 벗어난 생리현상을 먼 남의 일처럼 멀뚱멀뚱 바라본다.

　길 건너엔 영원을 갈구하던 오백 년 왕가가 고즈넉하다. 담장 안은 또 다른 기억의 지속들이 빛이 바래 얼룩져 있다.
　구겨진 꽃잎처럼 정지된 시간을 은유하는 시곗바늘에서 아직도 흐릿한 숨소리와 심장 뛰는 소리가 들린다. 의사가 다급하게 말한다.

"귀는 열려 있으니 하고 싶은 말 하세요."

육신을 벗고 있는 영혼을 불렀다.

은하 저편에서 들려온 목소리 '네에.'

회상으로 뒤처진 그 날은 거기서 멈췄다. 어떤 형태로든 삶은 지속되고 시간의 흐름 또한 영속적이다.

엄마 맛난다는 육개장, 언제 또 끓일 수 있을까.

공생

 물먹은 개울가 비탈에도 그들 나름의 질서가 있어 보인다.
물억새밭 가장자리는 칡넝쿨이 산책길 너머 아래쪽에는 수크령과 개망초가 군집해 있다. 작년 재작년 늘 그 자리 새로 난 것은 없다. 강아지풀은 강아지풀끼리 쑥부쟁이는 쑥부쟁이끼리 그들만의 영역을 고수한다.
비록 한해살이 잡풀이지만 각자의 경계를 넘보지 않는 서로서로 인정하는 암묵적 규칙이 있는지도 모른다.

 그게 아니었다.
게처럼 횡보하던 칡넝쿨이 하늘을 향해 팔을 뻗치기 시작했다. 뱀의 혀처럼 날렵한 촉수를 허공으로 널름대다 멱살을 움키고 냅다 허리춤을 낚아채더니 순식간에 온몸을 휘감아 버렸다.

생명력 넘치는 왕성한 성장은 가히 대적할 자가 없다. 집채만 한 바위도 상수리나무도 탁월한 줄타기 재주꾼에게 포위된다.

살포시 올라온 보랏빛 칡꽃향에 잠시 눈이 팔린 물억새는 자신이 처한 상황을 깨닫지 못한 표정이다. 살랑이는 이파리에 목을 기대어 흰 구름 흘러가는 하늘을 보는 여유를 즐기며 그래, 세상은 얽히고 기대어 사는 거야.

오래지 않아 칡넝쿨의 본색이 드러났다. 생명의 원천인 기둥이 없는 몸에 천하를 덮고 남을 허울뿐인 방울 무늬를 여름 한철 너울에 숨긴 욕심쟁이였다.

자주 꽃 향에 취한 물억새가 정신이 들었다. 휘청거리는 아랫도리를 조여주는 짜릿함에 순간 흔들렸으나 숨통이 막혀와 정신마저 혼미해졌다.

하늘이 높아지던 날 자주 꽃도 넝쿨도 물억새도 시름시름, 함께 주저앉아 버렸다.

칡넝쿨과 물억새, 기대어 함께 사는 공생(共生)이 아닌 공생(空生)이었다.

여자(荔子) 오순이

　여자는 딸로 태어나 만들어진다.
동물의 왕국에서 남과 여는 적수가 아니다. 내리 다섯째 딸로 태어난 오순이, 초유도 먹이지 않고 윗목에 밀쳐놓았었다는 탄생비화는 나중에 들은 이야기다.
초등학교 졸업장을 쥐고 밥만 먹여주는 남의집살이로 한입 덜어내는 사명을 받았다. 엄마 품이 그리워 밤마다 이불을 쓰고 울었다. 막 시작된 산업화 시대 여직공으로 수출의 역군 애국자가 되었다. 기숙사에서 지내며 월급은 고스란히 집으로 보내졌다.

　엄마도 그립고 친구도 보고 싶고 맹목적으로 넘쳐나게 끓던 젊음은 머뭇대며 다가온 청년과 눈이 맞았다. 백마에 올라탄 생쥐로 살기는 싫었다. 사막도 뻘밭도 아닌 벌판을 우연과 치행(癡行)으로 덜컹대며 앞만 보고 나갔다. 자신을 말리고 태워 야생마처럼 달리고 거대한 장애물을 뛰어넘느라 숨이 찼다.

결혼이란 혀를 찌르는 매운 양념으로 버무린 비빔밥을 땀 뻘뻘 흘리며 함께 먹으며, 사막의 모래바람 속에서 헤매는 것이 혹시 행복일지 몰라 입을 다물었다. 답도 없는 질문은 상처와 실수도 어쩌면 인생의 재미가 아닐까. 여자란 반값 할인되어 출시된 미끼상품으로 한 상에 얹혀 밥을 먹고, 가끔은 함께 창밖을 바라보는 동안 아름다운 허위로 관절엔 통증과 나이테가 새겨졌다.

조선 왕조 오백 년 딸들은 이 땅의 백성이 아니었다. 신동을 속박으로 내쳐 조선의 꽃으로 피어난 허초희, 동방의 작은 나라 여자로 태어나 떠난 사람을 그리는 것은 신산한 수틀 속의 연꽃이었다. 여덟 살에 이미 놀라운 재능을 보였다. 열여섯에 시집와 눈물과 비탄으로 살았던 양처도 기녀도 아니다.

조선 규중의 유일한 여시인 난설헌 시첩 속 숨결이다. 꽃은 죽어도 향기는 남고 신선도 가끔은 속계를 그리워한다. 세도가의 패거리들 속에 곡예에 능한 아비와 오라비와 동생, 잃어버린 아이들에 대한 상심으로 규방 난설헌의 절규는 부용 꽃송이 지듯 스물일곱에 스러졌다.

여자 대통령을 가진 선진국, 젠더, 성의 거대 담론으로 사계에 잡초만 무성하다. 잊을만하면 불거져 나오는 불편한 진실은 오랜 세월 길들여진 관습으로 갈 길이 멀다.

기생(寄生)과 기생(妓生)이 우글거리는 골짜기마다 신들의 깃발이 휘날리지만 해는 어김없이 진다. 수많은 절벽이 앞을 막고 무성한 밀림엔 굶주린 승냥이가 질주한다.

빵 한 덩이를 얻기 위한 행렬은 끝이 보이지 않는다. 빵 한 개를 얻으려 해 아래 가쁜 숨을 쉬는 이들, 낮과 밤, 시간의 질량은 누구에게나 언제나 평등하다. 푸른 초원에서 밤새 내린 이슬과 똑같은 햇살을 받고 자란다. 꽃 중의 꽃이고 별 중의 별이지만 한 조각의 빵과 조각난 흥망성쇠가 우리를 알 수 없는 미래로 데려간다.

물방울로 생명을 만들 때 신은 방청객이다. 침묵으로 헐떡이며 그녀가 해산하는 동안 천둥처럼 쏟아져 내리는 야성의 물결은 응원가가 되어 계곡에 박힌다. 이 땅에서 여자로 사는 일은 빈 몸뚱이를 파는 꼭두각시인지도 모른다. 그녀의 심연에 또 다른 자아로 숨 쉬고 있는 깊고 숭고한 능력엔 관심을 두지 않는다. 여자를 알아주는 이는 여자를 만든 신(神)이다.

여자들이 종종 박수를 받는 것은 세상이 변하고 있음이다. 여자는 해를 좇아 맴도는 해바라기가 아니다. 세상의 소소한 것들을 지켜내느라 눈 부릅뜨고 이 땅을 비추는 태양이다.

 남동생이 대학을 나오고 도시의 배운 여자에게 장가들어 사위로 사는 동안 초로의 할머니가 된 오순이, 마을 회관에서 노인들과 막걸리를 마시고 있었다.
 여자(荔子)라는 종족으로 혼자 앓는 열병은 적막하기만 했다. 오매불망 아들 바라기인 노부모의 수발도 그녀의 몫이었다. 요양원은 싫다는 부모를 살뜰히 보살피면서 팔자라며 웃었다. 마을에서는 아직 노인 대접을 못 받는 각시로 불린다. 어르신들의 점심 바라지며 온갖 잔심부름을 도맡아 해내는 마을 일꾼이기도 하다.
 눈매 선한 손자를 낳아준 며느리는 동남아에서 왔다. 한국말이 서툰 며늘애가 남의집살이 때의 자신 같아 무심한 아들을 나무란다. 다른 언어를 쓰는 엄마와 씨름하는 애틋한 손자와 낯선 타국에 홀로 온 며느리를 넉넉한 품에 따스하게 안는다.
 글로벌시대, 눈물을 보석으로 매달고 낭만적 다문화 가족을 이루어 누구보다 국제화 시대를 앞서 살고 있다.

빵 두 개

고소함 사이로 긴 줄이 섰다. 갓 나온 빵들이 조명 아래 반지르르 윤이 난다. 맞춤한 불빛은 빵을 최고로 그럴싸하게 만드는 특급 조력자다.

겉 바 속 촉, 군침을 돌게 하는 파이와 페스츄리, 고운 색감에 푸짐한 토핑, 고급스러운 바구니에 앉아 몸값을 자랑한다. 예쁜 포장지로 멋을 낸 처음 보는 것들이 많다.

같은 간판을 걸고 있지만 동네 빵집과는 규모나 종류 격이 다르다. 메뉴가 바닥난 동네 빵집은 찬밥처럼 식욕을 돋우지 못한다.

달콤한 냄새에 끌려 긴 줄 뒤로 합류한다.

특유의 고소함에 툭툭 끊기는 시간 사이로 생과 멸이 넘나드는 곳임을 잠시 잊는다. 이곳은 생이 용솟음치는 먹거리촌이 아닌

음습한 종합병원 지하다.

빵을 본 동생이 한 말이다.

중2 때 돈은 없는데 빵은 먹고 싶고. 친구들 여럿이 점방으로 몰려간다. 산골 점방에 빵이라 봐야 여남은을 넘지 않는다. 주머니를 털어도 빵 두 개 값이 전부다. 두 개 값을 받은 주인이 동전을 세는 동안 뒷전에선 친구가 빵 두 개를 슬쩍 집어 나온다. 멀찍이 숨어서 뒤따라온 친구들과 반쪽씩 나누어 먹었다는 빵, 두 개를 먹어도 성이 차지 않을 나이에 빵 반쪽을 먹느라 등에 식은땀은 얼마나 흘렸을까.

부모님 슬하에 끼니를 거른 적은 없지만 늘 허기지고 입이 궁금하던 시절이었다. 사촌도 한 반이었는데 소심해 뒷전에 서성였다고. 담력이 있어야 가능한 일이다.

지금도 그 점방이 있는지 빵값을 갚아야 한다며 건강을 회복하면 같이 가보자 했는데.

부실한 도시락은 먹어도 배가 고프다. 찬 바람이 불면 국화빵 장수가 나온다. 노란 주전자에 밀가루 반죽을 철판으로 된 국화 모양의 틀에 붓는다. 팥소를 꼬챙이로 떠 넣고 다시 주전자의 밀가루 반죽을 부어 아래위를 뒤집어 가며 익힌다.

지금의 붕어빵과 비슷한데 빵틀을 뒤집는 게 아니라 빵을 꼬챙이로 찍어 뒤집어 익혔다. 한마을에 사는 선배와 오가던 등 하굣길, 국화빵의 고소함에 끌려 걸음을 멈추었다.

선배가 빵을 사면 할머니는 내게도 빵을 하나 주었다. 엄마가 집에서 쪄주던 술빵과 달리 기름을 발라 구운 쫀득하니 고소한 상상 이상의 맛이었다. 선배는 돈을 내고 나는 얻어먹고 어느 날 할머니가 너도 돈을 내라며 오늘은 공짜가 아니라 외상이라고 한다. 외상이라는 말에 쭈뼛거리자 먹으라며 손에 쥐여 주었다.

더는 할머니 국화빵가게를 찾지 않았다. 읍내 외갓집에서 학교에 다니다 졸업 후 서울로 이사를 했다.

동생의 얘기를 듣고 까맣게 잊고 있던 국화빵 생각이 났다. 외상이라던 할머니의 얼굴도 목소리도 기억나지 않는다.

사춘기, 중 2병, 질풍노도의 시간, 이 시기를 부르는 이름이 많은 것은 누구라도 예외 없이 한 번쯤은 겪어야 하는 통과의례여서 아닐까. 여학생 꽁무니를 쫓아다니고 슬쩍슬쩍 야동을 보고 새 핸드폰이 갖고 싶어 일부러 물에 첨벙 빠뜨리거나 망가뜨리기도 한다. 새 옷을 사고 싶어 일부러 분실해 버리기도 하고, 싫증 난 물건을 쓰레기통에 버리고 학교나 학원에서 잃어버렸다고 부모를 조른다.

방학이면 파마하고 염색하러 미용실을 찾는다.

시이발, 버스 안에서 즈이들끼리 주고받는 것을 들은 것이다. 그래도 방학이 끝나면 입으로는 학주 욕을 해대면서 파마는 풀고 노랑머리는 검은 머리로 되돌리는 염색을 한다. 그러면서 중2는 지나간다. 고등학교 가고 대학을 간다. 이런 모든 과정이 통계로 누적되어 중2는 지나가는 과정임을 안다.

기다리면 이 또한 지나가는 돌림병이다.

'아 재수 없어' 아이들의 대화는 이렇게 시작된다. 학교 선생님은 영 밥맛이고 학원 숙제가 많아 재수 없고 엄마 잔소리는 지겨워 종일 재수 없다.

써먹을 데도 없는 수학은 왜 배우며 유학도 안 가는데 토플은 왜 하냐. 과학도 필요 없다. 폰만 열면 어디든지 가는데 지리, 역사는 왜 배워야 하는지 본인 말고는 세상은 온통 재수 없는 것 천지다. 불평불만을 위해 존재하는 것처럼 중2 아이들은 재수 있는 게 아무것도 없어 보인다.

그런데 밋밋한 하루하루 그저 그런 삶을 사는 보통 사람들과 다른 것이 있다. 재수 없다면서 까르르 까르르 웃는 것이다. 까르르 웃는 그 모습은 말과는 달리 절대 재수 없는 표정들이 아니다.

 빵 반쪽을 먹으려 등에 식은땀을 흘리던 동생도 받을 수 없는 외상인 줄 알았던 할머니도 지금은 세상에 없다.
 온통 세상이 재수 없는 아이들은 오늘도 까르르 까르르 서로에게 손 내밀어 희망은 꽃으로 신록으로 들썩이면서 세상은 그렇게 흘러갈 것이다.

이별

　누가 손을 흔들었을까.

달빛이 공중 마루에 마실 나왔다.

빗살 그림자에 발을 얹는다.

마른 등으로 돌아누운 그믐달이 활처럼 휘었다. 이루지 못한 꿈이나 장마철 벽지처럼 눅눅한 회한, 삭지 못해 따끔거리는 기억의 조각들이 몸속 깊은 늪에서 들썩인다.

　갈빗대 사이 사그라지지 않는 슬픔의 거스러미는 끓는 얼음물로 갈마들어 식지 않는다.

그믐밤 어둠 속 모로 누운 가녀린 어깨 위에 시운 달빛이 젖은 꼬리를 뒤친다. 몸을 풀고 있는 어둠 사이로 살별 하나 긴 꼬리로 새벽을 가른다.

약속도 없이 태어났다 부서지며 마주한 이별,

찔레꽃 사이 바람으로 사운대는 저 별은 나를 안아 줄 그분인지도 몰라.

밤이 새도록 생각의 공만 굴리고 또 굴린다.

시래기의 변신

눈 덮인 세상은 온통 백(白)이다.

새 각시처럼 다소곳이 눈을 이고 있는 지붕을 뒤로 자동차 불빛만 눈길을 헤치고 나가는 중이다. 미끄러운 걸음에 대한 걱정은 잠시 잊고 백으로 덮인 세상은 환하니 좋다. 채널을 돌리다 한 쇼핑 채널에 눈이 갔다. 강원도 특산품이라는 시래기다. 무엇이든 팔아 제치는 시대, 시래기를 안방에 앉아 쇼핑하는 세상이다.

슬픔인 듯 아닌 듯 아릿한 날들이 떠오른다.
서리가 올까 서둘러 김장을 마치면 뒤꼍 처마 밑이 풍성해진다. 종자로 간택 받은 옥수수와 수수, 굴비처럼 엮은 무청이 줄줄이 매달린다.

새로 엮은 이엉으로 모자를 쓴 초가지붕 처마 밑에 무청 시래기가 익어간다. 겹으로 쌓인 정한(情恨)은 눈발에 얼고 바람에 삭아 내린다. 돌개바람에 흔들리다 눈꽃으로 피어난다.

삼동(三冬) 내내 피고 지는 설화(雪花) 따라 무청(靑)은 결기를 버릴 것이다.

시래기는 반 양식인 김장김치와 함께 부족한 식량을 대신해 긴 겨울을 나는 구황식품이었다. 요즘은 섬유질과 무기질이 많은 건강식품으로 각광 받는다. 면역력 강화에다 항암 작용, 골다공증과 빈혈에도 좋고 풍부한 식이섬유로 비만에도 좋다니. 세월과 함께 변신을 넘어 가히 환골탈태 아닌가.

시래기는 밍밍하고 담백하다. 우물물처럼 고요하고 순한 맛이다. 수더분하게 제 자리에서 묵묵히 자신의 역할을 할 뿐 강한 맛으로 현혹하는 요즘 음식과는 결이 다르다. 더 맵고 더 달고 자극적인 마약 같은 맛에 사람들은 환호한다. 구순함으로 건강과 맛을 주는 시래기 같은 사람이 그리운 세상이다.
허기진 이들의 따뜻한 한 끼가 되는 일은 간단치가 않다. 억센 무청이 부드러운 시래기가 되려면 숱한 고난의 시간을 견뎌내야 한다.

강원도 얼음산 덕장에 명태가 온몸으로 눈보라와 한기를 참아내고 황태가 되는 것처럼.

고기반찬보다 시래기에 손이 간다.
어린 시절 고기를 먹어 본 경험이 많지 않은 탓인지 구수한 시래기 된장 지짐이 더 당긴다. 인간의 감각 중 미각과 후각은 어린 시절의 경험과 밀접한 관계를 유지한다고 한다. 어릴 적 경험은 평생 다양한 형태로 한 사람의 삶에 영향을 미친다.

만만찮은 세상살이에 어디라도 기대어 위로받고 싶은 날이 있다. 가끔 나는 누구인가 휘청거릴 때 엄마가 해주던 시래깃국에 보리밥은 나를 돌아보는 존재의 확인이다.

시래깃국밥, 시래기죽, 시래기나물, 겨우내 허기진 배를 채우던 영혼의 밥상이다. 산천이 얼어붙은 겨울에 그나마 굶주림을 면하기에는 더할 나위 없는 먹거리였다.

새 각시였던 엄마가 겪은 얘기다. 층층시하 열 명이 넘는 대가족이었다. 친정은 식구가 단출해 끼니 걱정을 하거나 죽을 쑤어 본 적이 없었다. 할머니가 광에서 저녁 지을 쌀을 내주었다. 턱없이 작은 분량의 쌀을 받아들고 반신반의하며 밥을 지었다.

들에서 온 손윗동서가 '밥이라니 시래기 듬뿍 넣고 죽을 쒀야지.' 난감해하는 새며느리에게 할머니는 말없이 쌀을 내주어 밥을 지었다. 제수씨 덕분에 밥 먹었다는 시숙의 놀림에 엄마는 쥐구멍이라도 찾고 싶었다는.

접속은 있으나 접촉이 사라진 세상이다. 시래기를 보면 고향이 보인다. 어린 시절이 있고 어머니가 있고 형제들이 있고 동무들이 보인다. 비 오는 봄날 오후 괜히 울적하고 서러운 날 그리운 것은 엄마의 품, 엄마의 음식이다.

따끈한 국물이 목구멍을 타고 넘어가면서 고단한 생을 그래도 잘 살아내었다는 안도감, 가난했지만 정으로 토닥이던 그 시절이 아프게 그리운 나날이다.

등대

그믐달이 시울시울 졸고 있다.

길잃은 별들이 서로를 비춰준다. 침묵으로 덮인 시간에 희망의 빛으로 다가오는 탈출구를 찾는다. 주저앉은 자리에 더 크게 울리는 공명(共鳴), 저 먼 곳에 비춰는 실낱같은 불빛이라도 잡아야 한다.

생이 지닌 소명은 무엇인가.

길잃은 이에게 한줄기 불빛은 구원의 섬광이다. 어머니 품속 같은 편안함이고 멀리 두고 온 연인처럼 참을 수 없는 그리움이다. 나를 응원하는 존재의 시원이며 갈 곳을 일러주는 길라잡이다. 칠흑 같은 어둠 속에도 엄마만 곁에 있으면 무섭지 않던 그 날처럼….

학교도 못 가고 친구도 만날 수 없는 거리 두기에 몸살이 난 손자가 왔다. 맛집을 찾기도 어려워 배달로 하고 아랫집 민폐로 뛸 수도 없어 인내심은 임계점을 넘은 지 오래다.

차를 타고 왔어도 답답하기는 마찬가지라 멀지 않은 오이도 바닷바람이라도 쐬어 보려 집을 나섰다. 누구라도 같은 마음일 터 사람들이 제법 많다. 물 빠진 뻘밭에 갈매기와 만날 수 있는 데크 산책로가 있다. 사람들이 새우깡을 던져주자 떼로 달려든다. 겁이 많은 녀석들은 멀찌감치 바라만 볼 뿐 다가오지 못한다. 학습효과인지 사람들이 몰려오면 하얗게 몰려왔다 가고 나면 멀리 날아간다. 머리 위를 나는 갈매기를 보던 손자가 어쩌면 똥을 맞을 수도 있다며 손을 휘저었다.

갯벌을 품고 서 있는 빨강 등대. 눌러쓴 방서모가 흡사 원시의 족장 같다. 손자는 장화와 호미를 빌려 뻘밭에 조개를 잡으러 내려갔다. 자리를 펴고 앉아 뻘밭을 누비는 아이들의 행복한 손놀림을 감상하는데 오랜만의 외출을 아는 갈매기의 격한 환영 인사, 손자의 예언대로 갈매기 똥이다. 얼굴에 정통으로 분사하고는 시침을 떼고 날아가 버린다.

늦은 시간이라 금방 나와야 했지만, 콧바람을 쐰 손자는 진흙 범벅인 손에 조개를 들고 흥얼댄다. 오늘 하루 뻘밭에 그어진 시간의 주름은 밀물에 쓸려 내일을 기약한다.

　석양을 등지고 먼바다를 돌아온 갈매기는 날개를 내려놓는다. 물때 따라 온몸을 저어 뻘이 내뿜는 숨구멍을 찾아 헤맨다. 뻘밭에 머리 숙여 희망을 캐내는 아낙의 발목엔 천근 무게의 삶이 매달렸다. 포구에 비린내를 몰고 온 해풍은 만선을 향한 어부들의 꿈과 사랑, 내일을 향한 비상으로 안도의 하얀 포말이 눈부시다. 꼬막의 부챗살 같은 아침 햇살이 아낙의 등에 희망의 그물을 펼친다.

　등대는 생명이고 영혼의 빛이다.
선 자리에서 떠나보내고 기다린다. 묵묵히 선 자리에서 수많은 생을 관통시키는 땅과 바다의 처음이자 마지막이다. 길이 없는 삶의 바다에 부딪히며 표류하는 모든 것을 뭍이라는 안전지대로 안내한다. 바다를 나는 철새들이 유목민이라면 떠밀린 자리에 노박이가 된 등대는 토착민이다.

　세상을 유랑하다 지친 몸으로 찾아오면 언제고 반겨주는 고향집이다. 더는 갈 곳이 없어 주저앉은 이에게 넉넉한 등받이가 되어 밤마다 등을 밝힌다. 노을 속 비릿한 해풍과 갈매기 똥 맞은 등대 앞에서 푸짐한 해물칼국수로 처진 마음 한 자락을 추켜 올렸다.

붉어지는

　붉은 울림이다. 뎅그렁, 뎅그렁,
한해의 끝이 왔음을 알려주는 빨간 모자의 천사들이 나타났다.
솥단지를 걸어놓고 시작했다는 구세군의 자선냄비, 우리가 함께 살아가는 세상을 확인해 주는 순간이다.
추위에 얼어붙은 마음을 녹이는 불꽃이 빨강이다.

　빨강에 눈길이 갔다. 강렬함에 주눅 들어 다가서지 못하던 색이다. 눈부신 세상에 이단아처럼 빨강은 바라만 보던 짝사랑이었다. 머뭇거리며 빨강 구두를 사고 내친김에 빨간 재킷까지 하향곡선을 그리는 몸의 탁월한 선택이다.
청(靑)이 사원 자리를 채워야 하는 불덩이 같은 빨강이 위로가 되었다. 하루에도 몇 번씩 요동치는 감정으로 땀을 쏟는다. 이내 축축해진 기분은 쉬이 잠들지 못해 딱히 누구를 향하는지 알 수 없는 원망이 고개를 내밀었다.

담쟁이가 낡은 벽을 타고 넘듯 세월은 슬그머니 나의 색을 바꾸고 있었다. 돌담에 새겨지는 무늬가 덩굴에 가려 보이지 않을 뿐이다.

붉음으로 가는 일, 내가 주인공이었던 시간은 무대 밖으로 사라지고 관객으로 무대를 바라보는 일, 엑스트라가 되는 일이다. 내가 주인공이었던 적이 있었는가? 빈자리를 첨벙대느라 분주하기만 했을 뿐. 마른 가지를 뚫고 나온 여린 이파리를 보며 빨강 머리앤을 떠올렸다.

붉어진다는 것은 시간이 윤색되는 과정이다. 붉음 이전에 지녔던 것들을 고사하는 일이다. 누구라도 파랑으로 다시 복귀할 수는 없는 일이다. 풋고추가 빨갛게 여무는 것도 그 시간만큼의 아침과 저녁을 만났기 때문이다.
퍼런 사과가 먹음직스럽게 익어 감은 햇볕과 비바람이 사과나무를 보듬고 스쳐 갔음이다.
온몸으로 땡볕을 받아 떫고 아린 맛을 밀어 홍시로 숙성시키는 담금질 끝자락에 붉음을 매단 생명은 뜨겁다.

불그스름, 벌겋게, 뻘겋게, 빨갛게 익히고 달여 낳은 색.

더위는 곧 지나갈 것이다. 낮이 지면 밤이 된다.
산다는 건 해가 지는 일이다.
산을 넘는 일이고 침윤된 하루를 벗고 내일 뜨는 해를 장만하는 일이다. 편한 옷으로 갈아입어야 한다는 것을 알고 있다.
흙 묻은 구두도 이젠 벗어야 한다.
　동해의 너른 품을 밀어온 바람의 감촉과 빛나던 햇빛과 저녁의 고즈넉한 쉼을 잊지 못했다. 쉬어야 할 시간임에도 흔들리는 걸음을 세우지 못했다. 어둠의 가장자리를 배회하느라 깨어나는 시간은 더디기만 했다.

　내 인생의 봄은 지금이다.
내 삶의 마지막 계절인 익어 가는 가을 앞에서 내가 걸어온 허술한 흔적들을 돌아본다. 어쩌면 가장 나를 위한 시간일 수도 있어 기도하며 감사하는 마음으로 설렌다.
　무언가 거창한 것을 해내려 조급하지 않고 비우고 채워 보장된 맛을 익히는 느린 시간이다. 여유로움이 오히려 나를 자신 있게 만들어 줄 것을 믿는다.
이제 더 이상 잃을 것이 없고 더 많이 가지려는 욕심도 없다.

슬로우 슬로우 퀵, 퀵, 마지막 왈츠를 추며 나를 돌아보려 한다. 이런 것들이 약해진 육신과의 씨름에도 버틸 수 있게 한다.

지나간 시간도 내일의 시간도 나의 것이니 승리의 여신은 내 손을 들어주리라 확신하며 오늘의 시간을 공손하게 맞는다.

산다는 것은 면허증도 없이 매일 교차로를 건너는 일이다. 전광판 도로 표지판은 온통 빨강이나 습관으로 길들임으로. 게으름을 떠밀어 다시 신호등 아래 모인다.
아름다운 붉은 시곗바늘이 나를 향해 달려온다. 눈부신 푸르름을 감당하지 못한 여름이 서리 오기 전 스스로 붉어지듯 가을이 익는다. 여전히 모호하나 내가 주인이 되어 자연으로 익어 가는 억새를 스치는 바람도 붉어지는 가을이다.

연성(蓮城)에서

 향토 유적 관곡지, 연꽃 테마파크 늦여름 연성은 활력이 넘친다.
 조선 세조 때 문신이자 농학자인 강희맹이 명나라 사신으로 남경을 다녀오면서 전당연의 연씨를 들여와 시흥 관곡지에 심은 것이 우리나라 연의 시발이라 한다. 지역으로 널리 퍼진 연꽃이 연성(蓮城)을 이뤄 주변엔 마을도 학교도 간판도 연성이다.
 한낮의 열기를 피해 습지를 찾았다. 장마를 견딘 생명들의 고단한 몸짓 사이로 연밭은 물 만난 고기처럼 생기가 넘친다.
 늪과 풀숲엔 수많은 생명이 얽히고설키어 제멋대로 보이지만 천태만상 깜냥대로 살아간다. 연못을 덮은 거대한 연잎은 천하무적인 양 물그림자도 설 자리를 내주지 않는다.
 늪을 덮은 넓은 잎 사이로 목을 내민 꽃봉오리의 기세는 전세를 장악한 장수의 당당함이다.

 처염상정(處染常淨), 진흙 속에 뿌리를 내리고 있으면서도 결코 더러움에 물들지 않는다. 청렴결백한 군자에 비유되는 백련, 꽃잎 끝자락만 홍색으로 물들거나 반반씩 물감을 들인 듯 그러데이션의 기교도 있다.
 구멍이 숭숭 뚫린 뿌리에 속 빈 줄기, 꽃대 하나에 꽃 한 송이 밀어 올려 고고한 자태는 빈틈을 보이지 않는다. 핀 듯 만 듯 수줍은 얼굴을 가까이 들여다보니 노란 꽃밥에 천사의 속옷 같은 뽀얀 속살이 눈부시다.
 막무가내 덩굴이나 가지를 뻗쳐 이웃을 침탈하지도 않는다. 낮 동안 자태를 뽐낸 꽃잎이 밤이 되면 잎을 오므리고 잠들어 수(水) 아닌 수(睡)를 쓴다. 피고 진자리에 꽃잎은 흔적도 없이 벌집 같기도 하고 해바라기 같기도 한 꽃대에 허망한 구멍이 꽃자리였음을 보여준다. 몸피 드러내지 못해 안달인 세상에서 제 할 일 마쳤으니 미련 없이 본태를 버리는 연꽃의 단호함이 도리어 낯설다.

 바람을 가르는 청아한 소리가 발길을 사로잡는다. 휘파람새, 개개비를 만나려 진을 치고 있는 진사들의 간절함을 아는지 모르는지 꽃잎을 차지한 건 참새들이다. 더러는 앙증맞은 발가락에 꽃줄기를 부여잡고 잠시 연꽃을 들여다본다. 순간을 포착하려는데 금세 날아가 진사들은 아쉬운 탄성을 지른다. 은은한 향기에 이끌린 쇠백로와 왜가리도 꽃송이에 취해 있다.

아기쇠물닭의 걸음은 마치 물 위를 걷는 듯 보였다. 이마가 흰색인 것이 물닭, 붉은색 부리를 가진 것이 쇠물닭이다. 천연기념물인 저어새, 주걱 같은 넓적한 부리를 좌우로 저으면서 먹이를 찾는다고 하여 붙여진 이름이다. 쉽게 눈에 띄지는 않지만, 이곳을 찾는 귀한 손님이다.

수련도 한껏 자태를 뽐내는 중이다. 검은 잠자리도 부지런히 날개를 젓는다. 꽃도 예쁘지만 저는 어때요? 수면 한쪽을 차지한 개구리밥과 보랏빛 부처꽃, 살이 통통하게 오른 곤충들은 부지런히 짝을 찾아 때맞춘 제살이에 분주하다.

팔뚝만 한 수세미가 주렁주렁 매달린 수세미 덩굴 터널과 연밭 가장자리를 차지한 수국과 능소화가 발길을 잡는다.

봄부터 여름내 빨간 꽃을 피워내는 배롱나무 옆자리는 호조벌, 조선 시대 바다를 메워 만든 땅, 굶주리는 백성들의 구휼미를 생산하던 곳이다.

경험해 본 적 없는 국토를 종단하는 태풍으로 TV엔 종일 흙탕

물이 넘쳤다. 물살에 떠밀리는 여인을 구하려고 온 힘을 다해 따라잡는 구조대원의 용기에 주민들이 힘을 보탠다.

폭염이 한풀 꺾여 미루던 걷기에 나선다. 허리가 꺾인 풀과 떨어진 나뭇잎이 길을 덮었다. 넘어지지 않으려 밤새 용을 쓴 나뭇가지가 미미해진 바람에도 흔들리고 있다. 흔들림이 없으면 울림도 오지 않는다. 삶이란 흔들린 연후에 고요가 깃들고 고요해져야 세상의 소리가 들린다.

피어나면 시들고 태어난 생명의 소멸은 필연이다. 풀꽃은 피고 지는 저마다의 때를 안다. 시들어 사라지는 것에 집착하지 않고 서로에게 어깨를 내주며 살아간다. 색을 입은 잎새가 우아한 궤적을 그으며 떨어진다.

푸름의 결기로 폭풍우를 견뎌낸 은행나무, 마지막 여정은 빛나고 싶어 황금빛 잎사귀를 흩뿌린다. 낙엽 한 잎의 간절한 여정을 여김으로 바라볼 때다. 떠나온 곳이 내 자리 아니라며 외면한다면, 길모퉁이마다 숨을 고르며 건져낸 가치는 설 자리가 없다. 통째 부정당하는 세상은 원한과 불만으로 몸살을 앓을 것이다.

하늘 바라기로 해가 저문다.

새가 날고 풀이 눕고 흔들리는 연밭에 물고기들이 숨을 고른다.

흔들리다 선택한 것이 오답일지라도 상관없다.

꽃 피는 봄이 오면 두 팔 벌려 마중 나가고, 푸르게 펄펄 끓어 익은 열매는 두 손 모아 공손하게 받는다. 책갈피 속 낙엽을 손 흔들어 배웅하면 내일은 다시 해가 뜰 것이다.

진흙탕 속 욕망을 말갛게 피워올린 연꽃을 보며 하늘이 들려주는 노래를 가슴에 들인다. 달빛 아래 윤슬로 반짝이는 물이랑 사이 붕어들의 달맞이 소리로 연성이 환해진다.

가늘고 길게

 울산 바위를 바라보며 설악산에서 하룻밤,
 수학여행 온 계집애들처럼 별을 보면서 숲길을 걸었다. 잔잔하면서 출렁이는 수다로 밤은 깊어 갔다. 자유를 꿈꾼다는 한 친구의 말에 진의를 몰라 서로를 쳐다보았다.
아버지와 남편, 하나뿐인 아들조차도 남성(男性)은 적이었다. 관습과 도덕을 방패로 순치된 어미의 시간을 살던 우리는 이해가 안 되었다.
 "나는 이제 시어머니도 무섭지 않은데 남편이야 뭐." 하며 주먹을 불끈 쥐어 보기도 하면서 맥주 탓인가 듣는 둥 마는 둥 흘리며 그냥 깔깔거렸다.

말은 그렇게 했지만, 아들 자랑에 남편 자랑도 슬쩍 하기도 했다. 찬비로 들어앉은 것들을 캄캄한 산에 쏟아냈다. 밖이 훤히 밝아오도록 허리를 잡고 웃다가 눈물을 찔끔대다가 우리는 하나둘 잠이 들었다.

사방이 길이어도 갈 길을 몰라 헤매느라 길을 잃기도 한다. 모성애가 완벽하거나 자식을 위해서 죽은 나무도 꽃 피울 위대한 사랑은 아니었다. 빈약한 모성 위에 저마다의 성을 쌓느라 무소식이 희소식인 줄 믿는 동안 '짧고 굵게'를 외치며 세상을 대적하던 친구는 이국에서 혼자 별이 되었다.

막막하고 광포한 허무 앞에서 지천명이 중천을 기어가던 그날은 무기력하기만 했다.

해질녘 가보지 못한 길에 대하여 아쉬움과 미련이 창밖에 서성인다. 시간이 할퀸 자국만큼 웬만한 일에 요동하지 않는다. 더러는 은은하게 농익은 향기도 풍길 줄도 안다. 한 20년 후 이 설악산장에 다시 올 사람? 반장이 목청 높여 이름을 불렀다. 여행이 고단해서인지, 모모(某某)에게 하루를 내어준 시간의 주인 말고는 아무도 대답하는 이가 없었다.

내 속에서 한시도 쉬지 않고 째깍대며 재촉하는 시계를 풀어 산을 향해 힘껏 내던졌다.

비가 온다. 제법 굵은 빗방울이 허공에 영롱한 곡선을 그리다 땅에 떨어지는 순간 왕관으로 몸을 버린다. 이런 날은 누군가를 불러내 창 넓은 찻집에서 묶은 수다를 떨고 싶어진다.

아비도 오라비도 아니면서 내게 비단 구두를 사주고 싶어 하는 함께 먹은 밥그릇이 가장 많은 사람, 등도 가장 많이 보여준 남자와 나도 모르는 촌티 나는 내 유년을 가장 많이 기억하는 동무들과.

후회도 사랑도 조금씩 아껴먹으며 가늘고 길게 길게.

변명

  TV를 켠다.
불로장생을 내건 건강 프로그램이 넘쳐난다.
흰 가운을 입은 의사가 판을 거들고 있다.
공신력을 높여주는데 의사 말고 누가 있는가.
채널을 돌리면 영락없이 그 건강식품을 팔고 있다. 이것을 먹고 어떤 효험을 보았고 무슨 병이 나았고, 저승 문턱까지 갔다가 왔다는 가히 열성 종교의 간증을 방불케 한다. 건강기능 식품의 원조 격인 홍삼은 이제 그 대열을 초월한 눈치다. 엠비피, 포스파티딜세린, 메스틱, 파로, 이름도 들어본 적 없는 듣보잡 일색이다.
  이웃에 사는 이도 이것은 뭐에 좋고 저것은 뭐에 좋다며 한 주먹씩 먹는다.

나만 뒤처지고 낙오되는 게 아닌가 싶은 생각이 들기도 한다. 예능에 나와 입담을 자랑하던 한의사는 자신이 만들었다는 상품 판매에 열을 올리고 있다. 씁쓸하나 흰 가운의 위력에 나도 모르게 카드를 긋곤 한다.

건강 기능 식품이라는 미명아래 효과는 보장되지 않는다.

'제품과 무관한 건강정보 개인차가 있음' 화면 한구석에 보이지도 않는 글씨가 쓰여있다. 다른 한의사가 하는 말이다. 좋은 것을 찾아 먹기보다는 나쁜 것을 줄이라고. 균형 잡힌 식사면 충분한데 너무 많이 먹는 게 문제라고.

100세가 넘으신 김형석 교수님의 소박한 밥상이 인상적이다. 아침은 늘 같다. 우유 반 잔, 호박죽 반 잔, 반숙 계란 한 개, 야채 샐러드, 토스트와 찐 감자를 하루씩 번 갈아 드신다. 점심은 주로 밖에서 생선이나 고기로 영양을 챙겨 드신다. 점심에 고기를 드셨다면 저녁엔 생선으로 단백질 섭취를 신경 쓴다.

특별한 보양식이나 기름진 것을 드시지 않으며 인스턴트 음식을 거의 드시지 않는다. 소박한 토종 음식을 조금씩 드시는 게 전부다. 세상 욕심 안 부리고 자신의 자리에서 순하게 사신 것이 비결 아닌 비결이란다.

강물처럼 흘러가며 책을 가까이 두고 공부한다.

공부라 해서 거창한 무엇을 하는 것이 아니다. 책 읽는 것도 공부, 뜨개질도 공부, 꽃을 가꾸는 것도 공부다. 자기가 좋아하는 일을 배우고 즐기면서 하는 정신건강이 중요하다.

지팡이도 짚지 않고 2층 계단을 오른다. 운동 겸 집에서도 계단을 기꺼이 오르고 내린다. 50대에 시작한 수영을 100세까지 했는데 코로나로 중단되었다.

늘 몸을 움직여 주는 생활 습관이 100세를 넘긴 철학자의 비법이다.

설거지나 청소를 하다 괜히 혼자 심통이 날 때가 있다.

한다고 달라지지 않지만 안 하면 금방 티가 나는 것이 집안일이다. 해도 해도 끝이 없는 데다 특별한 보상도 없다. 몸을 써야 하는 노동이다 보니 갈수록 체력이 달려 애꿎은 걸레를 집어 던지기도 한다.

아이들과 함께할 때는 먹일 생각에 굼뜬 손도 마음도 재바르게 움직였으나 둘만 남자 게으름 모드로 회귀다.

설거지 안 거드는 옆지기와 별것도 아닌 일에 목청이 높아지기도 한다.

앞만 보고 달려가는 반복되는 삶으로 닳아 소진(燒盡)되어 버린 사내, 예뻐지려 온갖 시술을 하느라 자기 얼굴을 잃어버려 거울에 비친 자신이 낯선 여자, 한동안 보이지 않던 트렌스 방송인은 흡사 마네킹 같은 낯선 모습으로 나타났다.

안되는 게 없다는 스마트폰으로 통화와 문자, 카톡에 사진 올리는 정도, 폰맹으로 겨우 뒤좇는 게으름뱅이가 할 말은 아니지만, 저만치 앞서 내달린다고 잘나가는 것만은 아닌가 보다.

원래부터

 혹한이었다. 엄마가 가시던 날은,
 오늘 잿빛 하늘에 흩뿌리는 눈발 사이로 언뜻 선뜻 엄마가 일렁인다. 거울 속에 여자가 앉아 있다.
흑백과 컬러의 대비에도 엄마와 딸의 같은 듯 다른 두 장의 결혼사진, 외할머니에서 엄마, 엄마로부터 나에게 전해진 눈망울, 딸에게 드러나는 핏줄의 집요함을 실감한다.
엄마는 아픈 날이 많아 맘 편히 기대어 본 기억이 없다.
평소라면 밤길을 엄두도 못 내지만 아버지의 다급한 외침에 캄캄한 십리 길을 내달았다. 보건소 문을 두드려 의사를 깨워 자전거에 매달려 오면서 엄마가 죽는 상상을 했다.

계모를 떠올렸다.
콩쥐 팥쥐를 연상했고 가출을 꿈꾸기도 했다.

곱고 여릿한 엄마는 농사일은 엄두를 못 냈다. 집안일 들일 구분이 없는 다른 집과 달리 엄마는 집안일만으로도 허둥대었다. 외할머니는 서른도 되기 전 외삼촌과 엄마 남매를 안고 청상(靑孀)이 되었다. 살림은 넉넉지 않으나 단출한 식구로 별 어려움 없이 살았다. 정신대에 끌려가는 것을 피해 중매쟁이 말만 믿고 아버지와 결혼을 서둘렀다. 정신대는 면했으나 신랑 얼굴도 익히기 전 징용으로 끌려갔다. 층층시하 남편도 없는 시집살이에 끼니가 간데없다는 소문에 외할머니는 속을 끓였다.

해방이 되었다. 함께 불려 갔던 이들이 하나, 둘, 돌아왔지만 아버지는 감감무소식, 면사무소 지서를 찾아가 따져 물어도 기다리라는 말뿐이었다. 손 놓고 있을 수 없는 할머니는 새벽길을 나서 아침과 저녁 두 차례 들어오는 기차를 눈이 빠지게 기다렸다. 손님이 다 내린 불 꺼진 기차를 확인하고 또 확인했다.
지친 몸으로 어두운 신작로를 더 트며 돌아오는 허방 짚은 걸음이 얼마나 무거웠을지 짐작도 안 되는 일이다. 읍내에 사는 외할머니도 기차역 순례가 이어졌다.

아들을 기다리는 할머니나 딸을 챙기는 외할머니나 어미의 마음은 매 한 가지였을 테니.

 엄마란 할 수 없는 것을 해내는 것 속살을 모두 퍼주고 껍질만 남는 것이다. 외할머니는 딸을 위해 할 수 있는 모든 민간요법으로 약제를 만들었다. 봄이면 지천으로 핀 진달래 꽃잎을 따다 몇 날을 달여 출렁이는 물동이에 이고 왔다.
 엄마는 무시로 저리고 쥐가 나 한밤중 자는 나를 깨워 다리를 주무르는 날이 빈번했다. 소나무 옹이 달인 물이 좋다며 온 산을 뒤져 옹이를 모아 가마솥에 끓였다.

 요즘처럼 가벼운 플라스틱도 아니고 무거운 옹기 항아리를 이고 20리 길을 달려왔다. 그 맛이 궁금해 몰래 한 숟가락 먹어 보면 쓰거나 떫거나 밍밍했다.
 외할머니는 약한 딸을 위해 한해의 절반은 우리 집 살림을 도맡았다. 손자들 귀함보다 내 새끼 병약함이 가슴 아픈 할머니에게 우리는 애물단지였다. 할머니는 철부지들로 속이 터지고 우리는 살갑지 않은 외할머니가 반갑지 않았으니 비긴 게임 아닌가.
 일품을 보태지 못하는 엄마로 아버지는 더 분주하게 움직였다. 겨울에는 우물을 길어다 가마솥에 불을 지폈다.

훗날 작은 어머님 말씀이다. 부엌에서 불을 때다 작은어머니를 보면 민망한지 뒷문으로 나가 헛기침을 하며 돌아 나왔다. 남자가 부엌에 드는 것을 수치로 여기던 시절이니 그렇겠지만 엄마를 아끼던 아버지의 마음을 안다고.

시골에 살면서도 고사리나 취나물 등의 산나물을 먹어 본 일이 없고 도토리묵도 큰엄마가 가끔 주셔서 먹어 보았을 뿐이다.

집에 키우던 황소도 연약한 엄마를 얕보는지 어쩌다 엄마가 고삐를 쥐면 냅다 뛰어 "에구구" 딸려 가다 넘어지곤 했다.

　사촌들이 한동네에 모여 살았다.

모를 심고 벼를 베거나 수확한 벼를 타작할 때면 온 식구가 일손을 모아야 했다. 부지깽이 손이라도 빌려야 한다는 어른들 말씀에 학교도 빠지고 손을 보태야 했다.

　점심 준비가 엄마 몫이었다.

음식 준비가 엄마에게는 만만치 않은 일이고 어린 내 눈에도 쩔쩔매는 것이 보였다. 모를 내는 날에는 막걸리와 간단한 요기 거리로 새참을 내야 한다. 엄마는 동이에 막걸리를 이고 나는 안주와 바가지 꾸러미를 들고 따라갔다. 새로 정돈된 논두렁은 미끄러워 넘어지기 일쑤였다. 술동이를 내려놓은 엄마는 부리나케 집으로 갔다.

빈 동이를 챙겨오는 일은 내 몫이다. 엄마를 도와 아궁이에 불을 때고 마늘도 까고 숟가락도 챙겼다.
광주리 가득 점심을 이고 가는 엄마를 따라가며 콧노래를 흥얼거렸다. 평소에 없는 생선이나 김구이 등 맛있는 반찬 먹을 생각에 신이 났었다.

엄마는 원래부터 엄마인 줄 알았다.
캄캄한 학교 운동장에 휘장을 치고 몇 번씩 끊기는 영화를 보러 밤길을 나서는 엄마의 입가에 잔잔히 번지는 미소를 그때는 보지 못했다. 타종을 끝낸 종소리가 오랫동안 귓가에 남아 맴돌 듯이 세상엔 없지만 내 마음과 몸, 손끝, 내 아이들의 미소 속에 나와 함께 있다.

자맥질하는 오리가 한눈에 보이는 전망 좋은 찻집이다.
윤기 나게 빗어 올린 쪽 머리에 저고리 섶 고운 깃, 엄마와 마주 앉았다.
달빛 따라 내달았던 구불텅한 모랭이길 저만치 자연(自然)이 된 엄마가 나비처럼 날아오른다.

2018. 12. 8. 엄마 26주기일

부치지 못한 편지

아버지

5월 어버이날입니다.

장성한 아이들이 고민하다 골라오는 선물 꾸러미를 풀어 보다가 문득 스치는 뾰족한 생각 하나가 마음을 찌릅니다. 정작 당신에게는 꽃은 고사하고 양말 한 켤레 사드려 본 기억이 없음에 가슴이 미어집니다. 네 살 된 막내와 군 복무 중인 장남 그사이 올망졸망 7남매, 누구 하나 설 자리는커녕 앞이 보이지 않는 안개 속이었지요. 당신의 그늘에 세상 물정이라곤 우리보다 더 깜깜인 엄마를 두고 무에 그리 급하셨나요.

쉰둘의 당신이 세상을 버리던 날 스무 살이던 제가 그 나이가 되었습니다.

자식들에겐 엄격했지만, 할머니에겐 세상에 둘도 없는 효자였던 당신, 저는 불만이 많았습니다.

장날이면 할머니 좋아하는 인절미며 사탕, 고등어자반을 사 왔지요. 널름대는 우리가 볼세라 사랑채 웃방에 밀어 두셨지요.

저녁상을 물리곤 큰댁으로 향하는 당신의 뒷모습을 바라보며 서러웠답니다. 밀린 육성회비로 날마다 교무실에 불려가서 혼이 나는데, 소 팔아온 전대를 통째로 큰아버지께 드리는 당신이 서운함을 넘어 미웠지요.

그렇게 따뜻한 말 한마디 인간적인 고민 한번 못 나눈 채 이름만 아버지와 딸이 되었습니다.

며칠 전 당신 못지않게 깐깐하신 막내 숙부의 생신에 형제들이 모였습니다. 이제는 같이 늙어간다는 농담을 하지요.

한 번만 정말 한 번만이라도 만나 볼 수 있다면 얼마나 좋을까요. 준비되지 않은 이별에 엄마는 당신을 참 많이 원망했지요. 당신과의 합장은 절대 싫다던 엄마, 현실적인 어려움도 있고 해서 외면했지만, 그것도 참 마음에 걸립니다.

시방 엄마의 지청구에 곤욕을 치르고 계신 것은 아닌지요.

아들이 대학을 졸업하고 취직을 해서 결혼을 준비 중입니다. 훤칠하게 큰 키와 마르고 깐깐한 모습에서 당신의 모습이 보입니다.

 당신 얼굴도 기억에 없는 안쓰러운 막내도 이제는 어엿한 가장이 되었고요.

막내는 당신이 끔찍이 여기던 큰아버지를 닮았습니다. 미워하면 닮는다던데 엄마가 큰아버지를 미워했나 봅니다.

오빠는 환갑을 바라보는 나이가 되었고 돌아오는 일요일에는 우리 7남매가 당신을 찾아갑니다.

언제까지나 자식보다 젊은 쉰둘의 아버지, 부모보다는 자식이 먼저인 요즘의 세태를 보면서 어미와 자식 모두를 챙길 여력이 없었던 당신의 심정을 조금은 헤아려봅니다.

 그러나 벌거벗은 채 떠밀린 세상에서 당신을 향한 애증의 시간을 살았습니다.

 5월입니다.

흐드러지게 피었던 목련이 지고 화사한 꽃바구니를 앞세워 부모님 은혜를 잊지 말라는 상술만 요란합니다. 생존이 전부였던 시절에 아버지와 딸로 만났으나 공유의 상자는 텅 비었습니다. 5월이면 카네이션을 받는 부모가 되었지만, 그 카네이션 한 송이 드려보지 못한 아쉬움에 상처는 해가 바뀌어도 아물지 않습니다.

생과 소멸,
영원하지 않기에 슬프지만 아름답다는 역설의 삶,
제 인생의 가을이 저만치서 손짓합니다.
삶이란 결국 백전백패 승률제로의 게임일지 모르지만 풍성한 열매 맺는 가을,
겨울을 넘어 다시 봄을 기다리는 영원한 숨바꼭질입니다.

2003년 5월